SHUZIHUA ZHUANXING BEIJING XIA
SHANGYE MOSHI CHUANGXIN ANLI YU JIZHI YANJIU

数字化转型背景下
商业模式创新案例
与机制研究

李　文◎著

中国财经出版传媒集团
经济科学出版社
Economic Science Press

图书在版编目（CIP）数据

数字化转型背景下商业模式创新案例与机制研究/
李文著. －－北京：经济科学出版社，2022.4
ISBN 978－7－5218－3141－2

Ⅰ.①数… Ⅱ.①李… Ⅲ.①企业管理－商业模式－
数字化－研究－中国 Ⅳ.①F272.7

中国版本图书馆 CIP 数据核字（2021）第 246556 号

策划编辑：李　雪
责任编辑：袁　溦
责任校对：王苗苗
责任印制：王世伟

数字化转型背景下商业模式创新案例与机制研究
李　文　著
经济科学出版社出版、发行　新华书店经销
社址：北京市海淀区阜成路甲 28 号　邮编：100142
总编部电话：010－88191217　发行部电话：010－88191522
网址：www.esp.com.cn
电子邮箱：esp@esp.com.cn
天猫网店：经济科学出版社旗舰店
网址：http://jjkxcbs.tmall.com
北京季蜂印刷有限公司印装
710×1000　16 开　12.25 印张　170000 字
2022 年 4 月第 1 版　2022 年 4 月第 1 次印刷
ISBN 978－7－5218－3141－2　定价：49.00 元
（图书出现印装问题，本社负责调换。电话：010－88191510）
（版权所有　侵权必究　打击盗版　举报热线：010－88191661
QQ：2242791300　营销中心电话：010－88191537
电子邮箱：dbts@esp.com.cn）

前　　言

　　经济环境快速变化背景下，不断转型和进行商业模式创新已经成为企业面临的必然选择。然而在服务主导逻辑和制造主导逻辑的转换中，制造业与服务业的界限日渐模糊，这也给企业商业模式创新带来了契机。传统的农业和制造业所提供的产品多为有形产品，产品的提供和需求是截然分开的，这不利于商业模式创新，而服务业的特点是服务产品的无形性使得其供给和需求的发生是同时的，也就是说商业模式创新易于开展。原因是商业模式涉及的是多方利益的协调机制，服务产品供求的同时性而变得更加强烈和多变，这也是本书选择餐饮、旅游等服务业作为研究对象的原因。

　　基于上述理论和现实背景的分析，在企业培养和建立这种能力的过程中离不开对企业网络资源的管理，而企业网络资源不仅来源于企业内部营销部门，更来源于企业所处的外部网络。尽管关于企业网络理论、动态能力理论以及商业模式创新的相关理论研究已相当充分，然而现有商业模式创新的研究有待进一步丰富，鲜有从企业网络与营销动态能力相匹配的角度阐述商业模式创新的研究。

　　为了更好地实现研究目标，本书基于现有企业网络、营销动态能力理论的研究，试图从企业网络与营销动态能力相匹配这一全新视角进一步阐述数字化转型背景下商业模式创新的构建机制，并结合企业网络、营销动态能力相关理论，构建企业网络与营销动态能力相匹配对商业模式创新的影响机制模型，以期进一步拓展现有的商业模式创新研究视角，丰富数字化转型背景下我国服务业企业商业模式创新的过程研究。在具体实施时，本书将细化为以下三个子研究：

第一，数字化转型背景下的商业模式创新案例研究。

目前的研究分别从技术创新、价值创造、利益相关者、社会网络等视角分析了商业模式创新的驱动因素，然而缺乏整合视角。本书将整合企业的内、外部视角。从企业内部视角，选择不同行业中具有代表性的企业，深入其内部进行访谈和调研，描述不同企业商业模式创新的过程和特征，运用多案例研究方法，进行比较分析，进一步提炼研究构念与变量，为理论模型的构建奠定基础。从企业外部视角，针对案例企业相关联的利益相关者网络进行调研，研究不同利益相关者的价值主张和利益实现对案例企业商业模式创新的影响，探索商业模式创新的成功路径。

第二，基于企业网络与营销动态能力相匹配的商业模式创新机制研究。

在案例研究所提炼的理论构念和研究变量基础上，结合战略学和营销学的相关理论，构建企业网络与营销动态能力相匹配的企业商业模式创新机制模型，并进一步设计调研问卷，针对各行业商业模式创新的企业管理者进行问卷调查，收集一手数据，进行统计分析，检验所构建的理论模型，以进一步验证和补充案例研究的结论，构建一般性的商业模式创新机制模型。

第三，我国企业商业模式创新管理启示。

商业模式创新一方面离不开企业自身的能力和条件，另一方面更离不开企业所处的环境。因此，在探究管理启示时，本书将从企业自身及外部环境两个方面来进行。从企业自身方面，要积极培育适应市场变化的能力，即营销动态能力；从企业所处的外部环境来看，必须关注与企业相关的利益相关者的价值主张和利益实现机制，才能促成商业模式创新。总之，要建立企业利益相关者网络与企业营销动态能力的匹配机制，才能更好地实现商业模式创新。

需要说明的是，本书是教育部人文社会科学研究青年基金西部和边疆地区项目（21XJC630006）的阶段性研究成果。本书的出版得到了"管理科学与工程自治区重点学科建设项目"的大力支持和资助，在此向有关单位致谢！与此同时，本书论述难免存在一些不足，请各位同仁和读者指正。

作者

2021 年 11 月

目　　录

第一章

绪　　论

第一节　研究背景

一、现实背景

基于互联网和数字技术的商业模式创新改变着企业的价值创造逻辑和竞争优势来源。不少企业在供给与市场需求适配性低、产业链供应链不稳定、资源环境要素约束趋紧等限制下借助商业模式创新完成了能力转换，实现了数字化转型升级（邓华、李光金，2017），甚至颠覆了产业发展结构，反而以资源、市场及多元化见长的大企业陷入"不转型等死，一转型送死"的困境（池仁勇等，2020）。商业模式创新就此迅速成为企业界和学术界关注的重点，并在组织管理、服务创新、战略转型等领域掀起了一股探索热潮。

数字化对商业模式创新具有显著的正向影响，数字化转型本质上是利用数字化技术和能力来驱动企业商业模式创新和商业生态系统重构的一种途径与方法（谢卫红等，2020），越来越多的经营者在应对疫情的过程中不断摸索，以线上数字化营销模式实现企业的转型升级（王子阳等，2020）。随着互联网经济的发展和大数据时代的到来，商业模式创新对企业的发展越来越重要，也成为当前研究的热点问题（王炳成等，2020）。商业模式创新是一个具有过程性和行为性的概念（王雪冬、董大海，2013），也是一个复杂的过程，新的商业模式一旦实施，就变得透明且容易被模仿，也就无法保持商业模式创新所带来的竞争优势（Teece & David，2010）。因此，有学者试图从持续创新的角度来解决这个问题，但由于商业模式创新刚性的存在，新的商业模式一旦建立就不易改变，而且频繁革新商业模式也不利于组织的稳定性。因此企业要想把握市场机会求得生存和发展，就必须积极培育新的商业模式。与此同时，经济全球化使得经济活动相互联系、不可分割，单打独斗的局面已经过去，如今企业间的竞争上升为供应商、竞争者、渠道商、服务提供商等利益相关者在内的企业网络间的竞争。企业网络是企业所处的最直接进行商业模式创新的外部环境，可视为一种战略性资源，资源的积累与应用是企业取得持续竞争优势的前提，但必须拥有与之匹配的应对外界动荡市场变化的能力。营销动态能力作为企业应对市场变化时为顾客创造和传递价值的内部反应能力，只有与企业外部资源环境相匹配，才能更好地实现商业模式创新，从而适应新的市场环境。因此，企业外部的价值网络与内部的营销动态能力对于企业进行商业模式创新必不可少，二者只有相互匹配才能提升企业长期竞争力。本书正是基于上述背景，层层推进，由浅入深，探究企业（企业网络）、企业应对市场变化能力（营销动态能力）与商业模式创新之间的关联，以期为我国政府的政策制定和企业的创新实践发展提供依据和参考。

（一）企业商业模式创新成为构建企业核心竞争力的根本

企业获取竞争优势离不开企业的商业模式创新，商业模式创新已经成为一种导向。随着经济全球化深入发展、消费需求多样化以及市场竞争不确定性加剧（吉辛格，2001），企业自身所具备的资源和能力难以应对复杂形势的需要，制约企业发展的已不再是技术、资金、人才等要素，最重要的是企业商业模式的选择。离开了良好的商业模式支撑，技术创新、管理创新都将失去持续发展的可能和盈利的基础。瞬息万变的复杂环境使得企业必须实时调整自己的商业模式，而商业模式是建立在内部资源能力以及外部环境基础上的，因此，没有任何一个商业模式适用于所有企业。企业要想把握市场机会，在竞争中处于不败之地，对商业模式进行创新就显得尤为重要。可见，企业商业模式创新已成为企业获取竞争优势中不可缺少的一部分，企业要想提升国际竞争力，就必须坚定不移的发展商业模式，企业商业模式创新已成为构建企业核心竞争力的根本，企业商业模式只有创新，才能为企业获取竞争优势创造机会，进一步顺应国际市场发展的潮流。在经济全球化背景下，只有灵活运用企业商业模式创新应对市场的不断变化，才能提高企业核心竞争力和绩效，提升企业在国际经济市场中的地位。

（二）企业间的竞争已经全面升级为包含有供应商、竞争者、渠道商、服务提供商等利益相关者在内的企业网络的竞争

经济全球化时代，随着互联网技术和市场经济的非线性发展，企业所面临的挑战和漏洞也随之增加，企业与产业之间的界限日益模糊，市场竞争环境不确定性日益加剧。基于这种市场背景，企业已经意识到自身已不再是单独完成一项产品或服务，而是处于更大范围的企业网络的一部分（Hoskisson et al.，1994），融入世界市场已经成为企业发展的必然选择。因此，合作战略作为一种新型战略手段来提升企业竞争优势和提高经营绩效（Kurtzman，1999），已经受到企业各界学者们的持续关注。在这种市场环境下，企业间的竞争已经全面升级为包含有供应商、竞争者、渠道商、服务提供商等利益相关者在内的企业网络的竞争。因此，企业必须通过合作或联盟来满足顾客的需求，企业间的竞争也已经从个体企业间的竞争演化成企业网络的竞争。企业网络是指以企业为中心所有与企业活动有关的信息单元所构

成的组合体，是一种无形的关系网络。这就表明，企业的经济活动并非单独进行的，而是与其他利益相关者紧密联系的。此外，企业内部尤其是大企业也形成组织网络。企业内部原本金字塔式的科层式组织结构，正逐渐被趋于扁平化、柔性化的结构所取代，以适应迅速变化的企业内外部环境（牛琦彬、邓玉辉，2006）。企业网络化正逐渐成为主流。可见，在动荡复杂的市场竞争环境下，企业只有顺应企业组织结构发展趋势并适时进行变革，才能提升核心竞争力，提高经营绩效，达到预期的效果，从而快速、健康地发展。

（三）营销动态能力成为企业应对动荡的市场环境下的必备能力

在企业日常经营过程中，营销作为一种为顾客创造和传递价值的企业不变的经营理念，已经成为管理学界和实践界的普遍共识，伴随着企业市场环境的竞争加剧、顾客需求日益动态化，将动态能力转化为一种营销过程已成为学者们研究的重点（Day，1994）。因此，理论界学者在动态能力理论基础上进一步提出了营销动态能力的概念（Linda et al.，2005），之后国内知名学者许晖教授研究团队对营销动态能力进行了进一步的研究，国内外研究均表明营销动态能力对于应对动荡市场环境具有重要意义。同时，顾客需求的日益动态化也使得企业不断地进行商业模式创新，从而更加灵活地应对市场的变化。因此，无论从理论上还是实践的需要上，营销动态能力能够帮助企业进行商业模式创新活动，以便更好地应对复杂的市场变化。由此可见，企业要高度重视自身营销动态能力的培养和构建，以解决企业应对动荡市场环境的速度和效率（Fang & Zou，2009），从而更好地满足顾客需求，在企业市场竞争中获得优势。总之，在企业日常经营过程中，谁能赢得顾客，谁就能获得市场从而继续生存发展下去，企业只有培养顺应经济市场发展、为顾客创造和传递价值的营销动态能力，才能在复杂而动荡的国际市场中获得一席之地。

二、理论背景

近年来，学者们主要探讨了商业模式及商业模式创新的概念、构成要素及创新路径、商业模式创新阶段、商业模式创新类型、商业模式创新的影响要素等（李靖华等，2019；Ehret & Wirtz，2017），研究认为商业模式创新通过对价值主张重构，关注如何为用户创造新的价值（Chesbrough & Rosenbloom，2007），以提供超越企业传统价值主张理念的产品与服务（Osterwalder et al.，2011）；通过技术创新（姚明明、吴晓波等，2014；Amit & Zott，2012）、组织与管理变革（Zott et al.，2011）、关系网络拓展（Chesbrough，2007；Amit & Zott，2001）对价值创造与传递机制重新整合，使企业向持续性的盈利模式转变，达到创新目的。当前关于商业模式创新的研究中存在不同的意见，部分学者认为，商业模式创新是一个循序渐进的"过程"（Baldassarre et al.，2017；Banu et al.，2016），即商业模式创新"过程观"（丁浩等，2013；Tauscher，2017；Karlsson et al.，2017），而另一部分学者则倾向于将商业模式创新看作是一个"结果"，即商业模式创新"结果观"（Buligal et al.，2016；Casadesus – Masanell et al.，2013），这些不同的观点在学术界引起一定程度的争议。总之，商业模式创新是一个复杂，需要不断试错、不断交互、不断迭代的动态过程（Nordin，2010），涉及众多微观细节，本研究运用多种方法相结合予以系统分析商业模式的创新机制。

（一）商业模式创新研究在理论上缺乏过程性、整合性

随着信息技术日新月异的发展，商业模式创新成为企业和学者们讨论和关注的热点（马蓝，2019），关于其概念却没有被确切地定义过，许多学者对它进行了研究，分别阐明了不同角度和维度的商业模式创新。哈默尔（Hamel，2000）基于战略层面，指出企业间竞争实质上就是商业模式创新的竞争，这种周而复始的创新与竞争行为，推

进了整个行业的持续发展，艾森曼（Eisenmann et al.，2006）等基于营销学视角，强调商业模式创新的特点之一是双边市场，即企业能够利用双边市场，在同一时间依据不同需求，对各类用户进行准确匹配。佐特和阿米特（Zott & Amit，2010）从活动系统的角度出发，指出商业模式创新是对现有活动系统的修正和再设计，要建立在企业能力和资源整合的基础上，兼顾要素、外部环境以及网络关系等。齐二石（2016）归纳了商业模式创新研究的演化进程，将商业模式创新的研究划分为三个阶段：2002 年以前，学者们聚焦于价值获取的封闭式商业模式创新的研究；2002～2010 年，学者们开始把关注点从价值获取活动转移到价值创造方面，考虑企业与外部利益相关者相互配合的半开放式商业模式创新；2005 年至今，开放式商业模式创新研究逐渐成为学者们研究的重点，强调企业对外部利益相关者的知识转移作用。企业商业模式并不是固定不变的，随着信息技术的发展，企业的运作方式发生了显著的变化（杨错，2011）。商业模式创新必须严格具备过程性和整合性，然而现有的研究缺少对商业模式创新过程的探索和解释。从战略管理的角度分析，商业模式创新是一种涉及企业内外部要素的系统性变革过程，而目前文献尚未对企业内外部要素如何协同演化从而形成商业模式创新的过程进行研究。此外，目前对企业商业模式创新的研究在理论上缺乏整合视角。以技术驱动为核心的商业模式创新研究忽略了市场变化和顾客需求，而以价值创造为驱动力的商业模式创新研究没有考虑到企业组织结构与战略选择对商业模式创新的影响。基于此，本书在过程视角和整合视角对企业商业模式创新研究进行了进一步的完善，同时也为之后建立商业模式创新理论模型奠定良好的理论基础。

（二）商业模式创新研究过多关注企业层面，忽略了与商业模式创新息息相关的利益相关者网络

经济全球化时代，世界经济活动紧密联系在一起，企业的经营活

动需要供、产、销各环节的相互配合。在过去的研究中，学者们往往注重自身企业商业模式创新的发展，忽略了企业间的联系与合作。现如今，企业逐渐成为一个包含有供应商、竞争者、渠道商、服务提供商等在内的利益相关者网络。也就是说，商业模式创新作为企业网络发展的重要源泉，已实现企业和产业界限的跨越（Zott et al.，2011）。企业已不再是单独完成一项产品或服务，而是处于更大范围的企业价值网络的一部分。有学者认为，由供应商、企业、顾客三者线性组成的企业价值创造结构的时代已经过去，如今的价值创造模式建立在多个利益相关者构建的企业网络活动的复杂交互过程中（江积海，2014）。鲁桐等（2011）进一步认为，利益相关者有助于企业商业模式创新走向成功，企业商业模式的发展必须建立在利益相关者的影响之上。企业只有和供应商、竞争者、渠道商等利益相关者紧密联系合作，才能实现企业自身商业模式创新的发展，提高创新绩效和企业竞争力。因此，本书区别于以往以单个企业为分析单元的研究，以包含利益相关者在内的企业网络为研究单元，探讨企业网络对商业模式创新的影响，拓展商业模式创新研究的研究对象边界。

（三）缺少资源与能力相匹配的商业模式创新发展策略研究

在企业日常经营管理中，企业间的活动建立在能力的基础之上，网络组织由不同能力的企业合作形成。所谓能力，是指企业拥有的知识、经验和技能（Richardonson，1972）。能力能够说明企业资源的积累和发展，企业的学习历程以及在特定情境下提升能力的组织管理要素。普拉赛德和哈默尔（Prahalad & Hamel，1990）认为，企业是能力或能力系统的组合体，企业能力决定企业网络的竞争优势和绩效。贝克等（Baker & Nelson，2005）从拼凑的角度指出企业在自身创新发展过程中只有利用好当前已有的资源才能解决好商业模式发展中遇到的问题，进而实现自身商业模式创新和提高企业绩效。企业获得的经营绩效和长期竞争优势并不是由传统规则下的战略选择形成，而是由特定的企业资源和能力构成（蔡宁、吴结兵，2002）。在企业经营管理中，企业资源只有和企业能力相匹配才能提升企业长期竞争力。与此同时，企业在组织战略选择和实施过程中必须配合企业能力的调整，以此创造价值和提升绩效（许晖、郭净，2013）。可见，企业能力是由企业内外部资源不断整合形成的，企业资源只有在与企业某种扩张后的组织能力相匹配时，才能实现企业网络的商业模式创新，逐步形成企业的长期竞争优势，达到企业的预期绩效。尽管国内外学者已经开始强调企业能力与企业资源对商业模式创新的重要作用，然而很少共同对企业能力与资源间的匹配关系进行具体的分析。基于上述理论背景，本书在现有商业模式创新研究的基础上，创新性地从企业网络和营销动态能力双重视角出发，对商业模式创新成功的典型企业进行案例分析，并探讨企业资源和能力共同作用对商业模式创新的影响，进一步构建企业网络与营销动态能力相匹配的商业模式创新理论模型，实现对现有商业模式创新理论的补充和优化。

第二节　研　究　目　标

　　商业模式创新不仅关系到企业的生存和发展，更关系到国家整体经济竞争力的提升。本书创新性地从战略管理与营销学相结合的研究视角出发，结合企业网络、营销动态能力等相关理论，选取多个行业中代表性企业做案例分析，构建一般性的商业模式创新理论模型，并运用来自我国企业商业模式创新实践的数据对理论模型进行实证检验，在得出研究结论的基础上进一步总结我国企业商业模式创新的发展对策和建议。本书将沿着"案例分析→理论模型构建→问卷调研→统计分析→对策建议"的总体思路展开。

　　本书的主要目标如下：

　　（1）商业模式创新成功路径的探索与规律总结。通过对数字化转型背景下商业模式创新成功的典型企业进行案例分析和调研，总结案例企业的成功经验，提炼并归纳商业模式创新的理论模型，探索我国企业实现商业模式创新的成功路径，是本书要实现的首要目标。

（2）企业网络与营销动态能力相匹配的商业模式创新发展策略研究。深入探讨企业网络、营销动态能力与商业模式创新之间的理论关联，从理论视角给出有针对性的商业模式创新发展策略，为政府及招标单位提供政策建议，是本书要达到的最终目标。

具体的研究思路和技术路线如图 1-1 所示。

本书选取的四个不同服务行业的商业模式创新之间存在着符合本书设计中总结的理论模型关系：餐饮业、金融业的商业模式创新主要是构建企业网络与商业模式创新的理论模型；旅游业的商业模式创新主要是构建营销动态能力与商业模式创新的理论模型；平台型企业的商业模式创新主要是构建企业网络与营销动态能力相匹配的商业模式创新模型，四者之间有着层层递进的关系，在四个行业典型企业的案例分析和理论模型构建过程中，商业模式创新的机制更加清晰，也帮助企业进一步厘清如何运用企业的内（营销动态能力）外（企业网络）部资源，进行商业模式创新。

本书的整个框架是从企业网络与营销动态能力相匹配的视角研究商业模式创新问题，即资源与能力相匹配对商业模式创新的影响。基于"价值链—企业网络—营销动态能力—企业网络与营销动态能力相匹配"的研究思路，本书主要分为三部分内容，第一部分研究企业网络对商业模式创新的影响；第二部分研究营销动态能力对商业模式创新的影响；第三部分研究企业网络与营销动态能力相匹配对商业模式创新的影响。主要由四章内容对本书的研究问题进行详细探究：第一，本书第三章从价值链这一关键因素出发，探究金融业企业商业模式创新过程，研究发现，重塑组织结构、打造最优价值链、完善金融产品、实施差异化经营、明确战略定位是金融业企业商业模式创新的关键因素。第二，第四章是在第三章的基础上从价值链延伸到

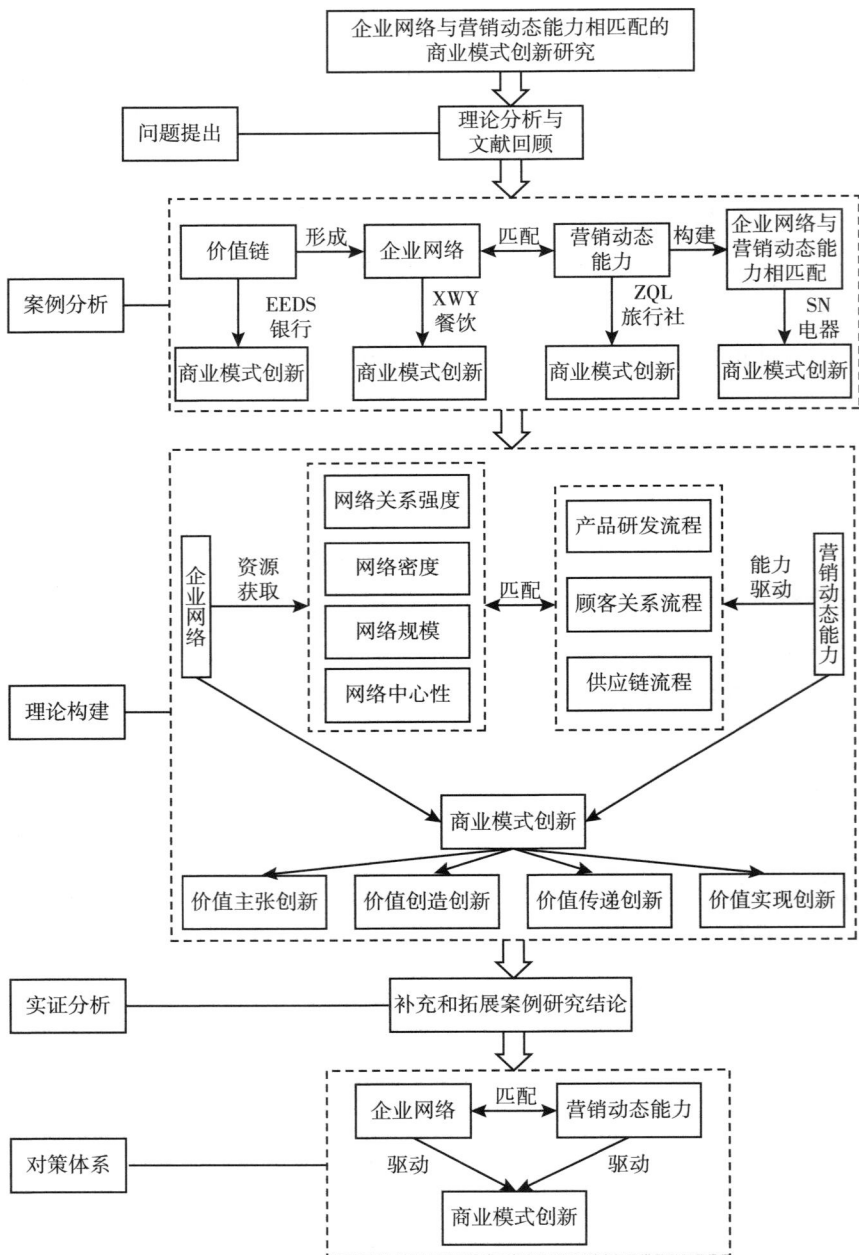

图 1-1 研究思路和技术路线

资料来源：作者设计。

企业网络视角引入研究主题，探究餐饮业企业商业模式创新的路径问题，研究发现，服务创新与产业链整合是企业网络纵向＋横向的联系，产品与服务的协同、知识资源的共享以及顾客价值导向是实现商业模式创新机制的三个关键因素，服务溯源化与服务产品化是服务业企业商业模式创新的两条成功路径。第三，第五章从营销动态能力的视角出发，探究旅游业企业商业模式创新的路径问题。第四，第六章在第三、第四、第五章的基础上从企业网络与营销动态能力相匹配的视角出发，探究平台企业商业模式创新机制问题，是本书中非常重要的一章，既是对第三至第五章内容的一个总结，也是对本书研究问题的一个详细阐述。接下来将具体介绍每章的研究内容、研究目标以及与报告的研究问题之间的关系。

第三节 研究内容与方法

一、研究内容与结构

本书基于数字化转型背景，创新性地从企业网络和营销动态能力双重视角出发，运用案例研究的方法，探索不同服务业企业商业模式创新路径与发展规律，构建了"企业网络—营销动态能力—商业模式创新"的理论模型，进一步阐述了企业网络与营销动态能力对商业模式创新的影响机制，并对该理论模型实证研究结论进行了补充和丰富。主要分四部分展开：第一部分是第一和第二章，绪论和文献综述；第二部分是第三至第六章，案例研究，选取服务业行业代表性企业开展案例研究，探索不同行业商业模式创新的路径与关键要素，为模型构建奠定基础；第三部分是第七和第八章，机制研究，构建企业网络与营销动态能力相匹配的商业模式创新理论模型，并运用实证分析技术进行分析和检验，第四部分是第九和第十章，管理启示与研究结论。具体如下：

第一章：绪论。介绍本书的现实背景和理论背景，在此基础上引出研究问题，进一步明确研究目的，阐述研究思路，预计研究的创新点。

第二章：理论基础与文献综述。本章的主要目的在于为后续案例研究与实证研究奠定理论基础，在回顾企业网络、营销动态能力、商业模式创新等相关理论研究的基础上，进行了文献述评，为本书提供了研究方向。

第三章至第六章：案例研究。从第三章开始，本书将选取从金融服务业、餐饮服务业、旅游服务业、商业平台服务业等不同服务业企业进行案例研究。其中：

第三章选取金融服务业企业进行了研究，以 EEDS 银行为例，分析了商业银行经营模式的创新需求及商业银行价值链的构成，主要从商业模式创新的关键驱动因素——价值链视角进行商业模式创新的研究，借助价值链等工具对商业银行商业模式的价值来源做出系统分析，并分析在价值链视角下具有代表性的商业银行商业模式创新路径的特点，揭示了金融业企业商业模式创新的内在机理，以此探索出关于商业银行商业模式创新的路径。

第四章选取餐饮服务业企业进行了研究，以 XWY 餐饮服务企业为例，基于服务创新、产业链整合等相关理论研究服务业企业转型问题。研究发现了服务溯源化、服务产品化两条服务企业转型路径。其中，顾客价值导向、产品与服务的协同、知识资源的共享是驱动服务业企业转型的三个关键因素。在此基础上，进一步构建了"服务创新—产业链整合—服务业企业转型"的理论模型。

第五章选取旅游服务业企业，以 ZQL 旅行社为例，结合共享经济、营销动态能力等相关理论，对旅游服务业企业的商业模式创新驱动问题进行了案例分析。通过对 ZQL 三个阶段——传统旅游阶段、产品组合定制阶段、承接服务延伸阶段的描述，发现 ZQL 旅行社在商业模式创新过程中的两个模式：旅游产品共享模式和旅游顾客共享模式，进而得到了基于共享经济背景下营销动态能力驱动的商业模式创新研究过程模型。

第六章选取商业服务业中的平台型企业为研究对象，以 SN 电器为例，从企业网络与营销动态能力相匹配的视角出发，对 SN 云商集团股份有限公司 1990～2017 年商业模式创新的过程进行了纵向案例分析。通过案例分析得出如下结论：企业在发展的各个阶段的企业网络形式不同，同时企业在各个阶段的营销动态能力也有很大的差异，在不同阶段，企业网络与营销动态能力的不同匹配模式是促进企业商业模式创新的根本动力。

第七章和第八章：机制研究。为增加研究结论的适用性，在案例研究的基础上，进一步运用 AMOS 等实证分析技术进行实证研究，即在文献回顾和案例研究的基础上，构建企业网络与营销动态能力相匹配的商业模式创新机制模型，并以中国服务业企业的数据进行实证检验。其中第七章是商业模式创新影响机制模型量化数据准备。第八章是商业模式创新影响机制模型实证检验及结果分析。

第九章：管理启示。基于前述案例研究与实证研究，本书对服务业企业商业模式创新有了全面而深入的理解，在此基础上提出服务业企业商业模式的发展对策。主要从三个方面进行：企业视角，提出企业应充分利用企业网络资源、培养营销动态能力以促进商业模式创新；行业视角，主要从金融服务业、餐饮服务业、旅游服务业、商业平台服务业等不同行业的行业特性，分行业提出了企业商业模式创新的具体对策；政府视角，作为宏观环境的调控者，政府应制定良好的市场发展环境，在政策方面支持战略联盟，帮助增强上下游企业的联系，以促进企业商业模式创新、提升企业核心竞争力。

第十章：研究结论及未来展望。本部分将根据前述的案例分析和实证分析结果总结出研究的主要结论，主要是站在企业、行业、政府的角度考虑各行业商业模式创新的问题，并在此基础上提出研究贡献，然后对研究局限和值得进一步探讨的方向进行梳理，为未来研究提供借鉴。

二、研究方法

根据上述的研究思路和技术路线图，本书拟采用定性与定量相结合、案例研究与实证分析相结合、专家访谈与企业调研相结合的方法，在梳理企业网络、营销动态能力与商业模式创新相关文献后，拟从企业网络与营销动态能力相匹配的视角探究数字化转型背景下商业模式创新的机制问题。结合研究内容，本书主要采用以下几种研究方法：

第一，案例研究法。案例研究是针对若干典型企业进行缜密的研究，广泛搜集个例资料，彻底了解个例现况及发展历程，予以研究分析，确定问题症结。案例研究的功能主要体现在解释、描述、列示、探索和元评估五个方面（殷，2009）。本书将运用案例研究中的解释、描述和探索功能，同时，为获取案例研究法所需数据，本书使用的数据来源包括：（1）半结构式的深度访谈；（2）企业档案资料，如企业内刊、企业档案材料等；（3）参与式观察及参加公司的会议、宣讲等活动；（4）一些非正式的信息获取渠道，如电子邮件及观察等；（5）社交媒体获得，包括搜集公司微博、微信等社交平台发布的相关信息资料；（6）电子数据库，如中国知网、万方数据库、Web of Science、EBSCO 等数据库中有关企业的论文和资料。依照上述数据和资料获取的方法，完成对典型企业商业模式演变过程的分析和研究，解释企业网络和营销动态能力各维度影响商业模式创新机制的阶段性互动的内在机理，构建商业模式创新机制模型，以期对现有商业模式创新理论有所贡献。

第二，问卷调查法。在目前中国的管理研究中，最为普遍的数据收集方法是问卷法，较适用于一般解决行为的总体状况和特征的研究（黄成，2006）。伴随着激烈的市场竞争，许多服务业企业大力进行商业模式创新，这为本书开展大规模的问卷调查奠定了坚实基础。据此，本书采用科学的问卷调研法，通过向案例企业的创业者以及中、高级管理者发放调研问卷，来获取研究所需的一手数据。

第三，统计分析法。本书根据研究问题，选择适当的统计工具，主要包括 SPSS、Amos 等。主要统计方法有：（1）描述性统计分析。对收集的有效样本进行描述性统计分析，进而构建相关的测度指标。（2）因子分析。调整测量企业网络、营销动态能力和商业模式创新相关变量的维度、测度与指标，并调整研究模型，以便建立更为可靠的研究模型，提高测量信度和效度。（3）结构方程技术。采用结构方程技术，分析企业网络和营销动态能力维度下的相关变量对商业模式创新的影响。

第四节 研究创新点

首先，以企业网络视角作为出发点，构建了企业网络—营销动态能力—商业模式创新的影响机制模型，进一步完善了商业模式创新的路径研究，也有助于丰富并发展现有商业模式创新的相关理论。

其次，运用多案例研究方法，通过对典型案例企业商业模式创新过程进行分析，并深入企业进行问卷调研和深度访谈，收集一手和二手数据并做三角验证，将理论和实践反复迭代来解释商业模式创新过程的内在机理，补充了企业商业模式创新的过程性研究。

最后，从战略管理与营销学的双重视角展开研究。企业商业模式创新不仅要关注企业内部不同要素之间的协同创新，更要重视企业外部相关利益网络的统筹协调机制。通过企业网络关注利益相关者的不同价值主张以及培养企业对市场变化快速反应的营销动态能力，这推动了网络资源和营销能力环境下商业模式创新的相关研究，有利于完善资源和能力二者相结合对商业模式创新影响的研究视角，增强了商业模式创新理论的适用性以及对实践的解释力。

▶第二章◀

理论基础与文献综述

第一节　企业网络理论

20世纪80年代以前，许多学者把企业当作竞争优势的个体，从外部产业和内部资源能力两个方面出发研究企业获得竞争优势的路径，在研究的过程中，企业网络作为一种普通的例外现象没有引起主流研究学派的注意。随着时代的推进，企业、产业的界限日益模糊，各种网络组织逐渐兴起，企业处于与相关利益者共同组成的企业网络之中，此时若依然按照研究企业个体的方式来探究竞争优势相关理论已不再适应当前情境，这是因为在竞争激烈的环境之下，企业独立对服务或产品进行开发、设计、制造、销售的时代已经一去不返，企业作为企业网络的单元和节点存在，从企业网络中获取资源和能力，承担企业网络内部的一部分功能，与其他网络成员一起抵御严酷的外部环境，分担市场不稳定所带来的风险，所以研究视角不能再局限于单个企业，而是应该放眼于整体的企业网络。作为拥有稳定结构的组织形式，企业网络的存在导致了以下几种竞争方式的出现：企业网络间的竞争、企业内部的成员竞争、网络成员和外部企业的竞争和以企业为主体与以企业网络为主体的竞争。

一、企业网络的定义

现如今竞争边界不断模糊（龚丽敏、江诗松，2016），企业间的竞争已经逐渐升级成包括供应商、合作伙伴、销售渠道，甚至顾客在内的企业网络间的竞争。供应链的优化、交易模式的调整和资源整合等是企业提升竞争优势的有效途径，而企业网络则为这些途径开辟了道路。为应对日益复杂的外部环境和满足越来越多的顾客个性需求，企业的生产模式开始由以标准化和大规模生产为主的"福特制"向以"持续性创新 + 敏捷制造"和"专业化 + 网络化"的生产组织方式为特征的"后福特制"进行转变。但是，因为条件的限制，企业从自身发展中仅能学到部分知识，不能有效的发现所有关于组织发展的知识和创新方式。此外，企业原有的发展是单一线性的，很少与外界进行交流，只重视企业内部价值而忽视企业外部价值的封闭思维，未发掘企业合作价值的竞争思维，无法从企业组织中获得外部资源从而提升企业创新绩效（张海燕、张正堂和陈传明，2017）。于是一些企业与其他企业形成正式或非正式的企业联盟和企业合作，进行资源互补和知识交流，从而获得优势以应对激烈的竞争和抵御风险，逐渐形成了包括学习型组织、战略联盟、外包、供应链管理、集群化、虚拟化等一系列组织创新类型概念的统称——企业网络。企业网络不仅可以给组织间的成员提供丰富的外部资源，还可以充分发挥各成员企业的核心优势，推动成员企业间关系的建立，为企业发展和创新提供资源和能力，即通过合作与竞争的方式提升企业的创新能力（孟迪云、王耀中和徐莎，2016）。网络关系的质量以及关系稳定性、动态能力对企业商业模式创新起到积极影响（周娟娟，2017）。

从不同的理论视角出发，吴勇志将企业网络分为四大流派，分别为资源依赖学派、组织学习学派、经济社会学派和制度经济学派。资源依赖学派依托资源依赖理论和企业能力理论。资源依赖理论强调资源外部环境，企业能力理论则从企业内部出发，从企业能力培养和知识积累来研究。资源依赖学派从资源获取途径入手，强调企业资源的异质性，资源异质性在企业内外同时存在并且能够解释不同企业的行为和效率差异，企业网络可以为企业提供发展所需的异质性资源（Richardson，1972），在企业对外部环境及内部能力进行匹配之后，可以作出符合自身发展的战略行为（Andrews et al.，1971）。高向飞还从资源的角度解释了企业网络的形成，认为企业自身拥有的资源影响了企业网络的形成，内部资源的不足促使了企业网络的发展，同时也是导致企业网络发展受阻的主要条件，当目标企业拥有企业所需要的资源同时需要企业所拥有的资源时就增加了合作的可能性，这是促进的作用。企业网络也有可能阻碍企业的发展，因为企业间进行协同合作，会消耗企业部分内部资源，从而使自身的发展受到资源的限制（尹新悦、谢富纪，2020）。

组织学习学派认为企业通过企业网络进行新知识技巧技术的学习，并且通过企业网络可以共同承担风险。尼科尔斯·伊克森提出如果企业网络成员间的技术和管理水平相关性越高，那么组织学习的效率就越高。卡帕苏旺（Kapasuwan，2004）认为企业在企业网络中的学习效率依赖企业网络的广度、强度、知识冗余和全球网络关系。企业网络也可以使得难以表述和传授的隐性知识得以扩散和学习，从而提高组织学习质量和效率。桑等（Song et al.，2008）通过实验证明开放网络结构对企业绩效的积极作用，并且验证了开放的网络结构有利于企业创新的假设。据此，戴维多（Davidow，1994）给企业网络下的定义是：企业网络是由一些独立的厂商、顾客甚至同行的竞争对手，通过信息互连而成的企业间网络组织，以达到共享技术、分摊风险和满足市场需求的目的。

社会网络理论研究既定的社会行动者（包括社会中的个体、群体和组织）所形成的一系列关系和纽带，将社会网络系统作为一个整体来解释社会行为（Asayderfalt & Roxenhall，2017）。从社会资本的视角来研究企业网络，科尔曼（Coleman，1988）认为企业网络的社会资本能增加相应的人力资本的价值。强联结力量假设对应强关系网络，强关系网络基于个人关系和社会关系而建立，具有连续、紧密、封闭的特点，连续和紧密有利于企业之间知识的传递和共享，而封闭的特点能加强成员企业的信任程度，降低风险（Walker et al., 1997）。弱关系网络的特点是间断、松散、开放，位于网络关系关键位置的企业来说，具有一定的竞争优势（殷枫、王贝和刘春林，2019），企业网络中存在着结构洞，所谓企业网络结构洞即企业成员中某些企业与其他企业能够进行信息交互，而部分企业却无法与网络中其他成员直接接触，这种情况下企业与企业之间只能通过另外的企业来间接联系，如此便形成了结构洞，处于结构洞位置的企业也就是处于关键位置的企业，能获得更多的信息优势与控制优势，从而取得相比较而言更为突出的创新和发展（Zaheer & Bell，2005）。结构洞广泛存在于弱关系网络之中，这也使得弱关系网络比强关系网络更可能带来多样化的信息和资源。

企业网络是企业和市场之间的中间力量，跨组织网络通常在企业合作伙伴中通过不断的知识交换和市场交易提高企业的竞争能力，企业通过网络关系获得外部的资源，与网络中其他成员分工合作形成资源互补，提升厂商持续的竞争优势（李瑜、谢恩和陈昕，2017）。交易成本涉及交易的不确定性、交易的频率和资产的专用性，当市场组织的支付成本大于市场组织收益，企业组织的支付成本大于企业组织收益，市场组织支付成本大于企业组织支付成本，市场组织收益大于企业组织收益时，企业网络就会发挥作用。在这种视角之下企业网络更像是市场与企业的"结合体"，经济学家们的研究角度由"市场—企业"两分法转向"市场—企业网络—企业"的三分法。企业网络同时具有了市场和企业"交易治理"和"资源整合"的双重属性。如奥利弗等（Oliver et al.，1993）认为企业网络是一种超越了传统市场与企业两分法的复杂的社会经济组织形态，而且这一复杂的组织形态是一个动态的、按照一定路径依赖不断演进的历史过程。

二、企业网络的分类

王缉慈（2002）按研究尺度与空间组织形式把企业网络分为地方性网络、区域性网络和全球性网络三种类型。李二玲（2006）按产业联系的方式，将企业网络分为了垂直网络、水平网络和混合式网络三种。此外，有学者将现实存在的企业网络进行了归纳：供应链协同、虚拟组织、外包和下包生产、特许经营连锁、企业簇群、分工协作关系、企业集团、战略联盟等。其中，供应链协同是供应链中各节点企业实现协同运作的活动。在信任、承诺和弹性协议的基础上深入合作，搭建电子信息技术共享平台及时沟通，进行面向客户和协同运作的业务流程再造（倪渊，2019）；虚拟组织以契约关系为基础，为完成特定的目标而临时成立的组织形式；外包和下包生产是指企业通过利用其他企业的资源和服务来达到企业内部经营目标的方式；特许经营连锁是指特许者将商标、商号、专利和专有技术以特许经营合同的形式与被特许者共享，并收取费用的形式；企业簇群指以大企业、大集团为核心，一大批上下游中小企业集聚其周围，从事配套加工生产的集群发展的网络形式；分工把一个又一个企业工作的内容划分成多家企业完成的工作内容以提高生产效率，从某种意义上来说，其实分工是效率要求的必然产物，但分工的同时要想把工作内容进行再衔接与有机整合，才能有效提高效率，这就必然要求企业与企业之间的协调合作，可以说分工导致了合作，同时由于分工越来越明细，也加大了合作的难度，但是有效的合作却也能够促进效率的提高；企业集团指现代企业的高级组织形式，是以一个或多个实力强大、具有投资中心功能的大型企业为核心，以若干个在资产、资本、技术上有密切联系的企业、单位为外围层，通过产权安排、人事控制、商务协作等纽带所形成的一个稳定的多层次经济组织；战略联盟指不同的企业或跨国公司为了达到相同的战略目标而合作，并且共同承担成本、风险和利益。

三、企业网络的演化

企业网络具有动态性。从静止的角度来研究网络关系限制了我们对动态的、多元的网络关系的描述。复杂的外部环境和动态的内部因素导致了企业所处的企业网络持续处于更新变化之中。企业在不同时期所处的企业网络具有很大的差别，企业网络处在不断调整中，企业网络不仅是一个具有明确层级的内部化企业产权组织结构，也是主动或被动形成的一种自组织结构（张珂、王金凤和冯立杰，2020）。在梳理了大量文献之后发现，大部分学者从两种方向出发来研究企业网络的演进：第一种是从核心企业切入视角，主要讨论核心企业所在企业网络的演变，着重论述企业对企业网络的建设规划和主观选择，称为自发性企业网络变化。第二种是以企业网络为主体来探讨企业网络的整体演进方向，这种研究把视线聚焦于企业网络本身，不对进入企业网络和退出网络的企业作过多探讨，称为非自发型企业网络演化。前者从微观角度来描述核心企业网络演化，后者从宏观角度来解释企业网络的变迁。本书认为这两种研究方式在一定程度上互为补充，可以多维度地展现企业网络的演变过程，基于此，本书把两种研究方式及其内容进行归纳，整理出包括企业网络强度、企业生命周期、资源获取、交易成本在内的自发型企业网络演进（核心企业网络演化）和平衡演化、混沌演化、地理位置、政策环境等在内的非自发型企业网络演化（整体企业网络演化）等内容。

（一）自发型网络演化

1. 基于网络关系强度的企业网络演化

从网络关系的角度，早期有着"由强向弱"和"由弱向强"的争论。令众多学者产生分歧的根本原因是网络关系强度和有无结构洞对企业绩效以及企业创新的影响作用的认识差异，企业自发进行的企业网络的选择。如科尔曼（Coleman，1994）认为紧密的网络关系是获得社会资本的先决条件。紧密的网络关系在知识交流和资源共享的速度上优于松散的网络关系，而高速的信息交流和技术互补给企业快速创新创造了条件。并且这种紧密的联系拥有较少的结构洞，有利于培育企业间信任、强化合作惯例并降低机会主义行为，增加创新绩效。尽管弱关系可以带来一定的异质、新鲜甚至独特的知识和信息，但那通常都是机会性的获取而不可持续，且弱关系下各方由于缺乏对彼此的信任与保障，难以完全分享相关知识和信息，更无法开展深度合作，因而很难共同创造价值或创新。因而得出强联结网络优于弱联结网络，企业网络有向强联结网络演进的趋势。而以格拉诺维茨（Granovetter，1983）为代表的学者认为强联结网络的范围限制特征，有可能造成资源和知识的冗余，不利于新知识的产生和传播，弱联结方式由于距离远交互频率较低且存在较多结构洞，从而为企业获取新知识新资源提供了来源和渠道。位于结构洞位置的企业能够和彼此之间不相连的合作伙伴合作，可以获得多样性的信息流，获得更多更新的非重复信息，具有一定保持更新信息的优点（张玉臣、王芳杰，2019）。钱锡红等（2010）认为富含结构洞的开放式网络能获取新颖和非冗余信息，特别对创新活动异常活跃、产品生命周期非常短的高技术产业而言，结构洞的存在极大地提高了企业创新绩效。海特和海丝特利（Hite & Hesterly，2001）从网络结构出发，认为新生的企业由于资源较少，应该寻求连续、封闭、紧密的强关系网络以规避风险，充分获得发展所需资源，当企业进入成熟期时可以选择脱离强关系网络转而进入具有结构洞的弱关系网络以获得竞争优势。国内学者于永海（2014）也认为企业网络演化的趋势是由个人主导的关系型网络（强联结网络）转变为市场交易网络（弱联结网络），高向飞等（2008）基于社会资本论和资源依赖论对此进行了解释，认为在单层强联结网络模式下，社会资本增加与资源积累的动态促进了网络变迁；随着强关系网络层级的不断增加，社会资本仍然能够促进企业效用的提高和资源的积累，但其贡献程度不断降低。当合作关系网络扩张到规模边界时，企业会摆脱路径依赖，加入灵活性较大的弱联结网络，以获得持续发展。另外还存在着一些研究者认为基于结构的网络演化趋势是具有往复性质的，如马里奥蒂（Mariotti & Delbridge，2012）纵向实证研究欧洲赛车产业，研究了网络路径依赖以及结构对企业网络演化过程的影响。研究发现汽车公司在合作伙伴表现出高能力高质量高专业的情况下更偏向于暂停交易而去维持之前的潜在关系。因为这种关系可以提供更快、更平滑的方式来处理新的发展和新出现的问题，这说明网络关系经历过"弱联结—强联结—弱联结"的过程。

现有研究对于企业间网络由强联结向弱联结变迁的发展模式已经基本达成共识。

2. 基于交易成本和企业能力互动循环机制的企业网络演化

一些学者从交易成本和企业能力出发来解释企业网络的演进机制。这类观点认为，交易成本会由于信任程度和信息的不对称程度而动态变化，交易成本的动态变化促使企业对企业的边界进行调整以降低交易成本，而事实上企业的刚性边界（法律意义上的企业边界）并不能随时调整以满足需求，这就催生了柔性边界（企业通过关系契约所能调整的边界）的变化，而这种调整即是对企业网络的更新，扩大或者缩小企业网络规模；企业能力通过选择、学习、整合、重构形成企业能力发展循环链条。雅各布斯等（Jacobides et al.，2005）研究了交易成本和企业能力的共同演进对纵向一体化治理的影响，他们重点分析了交易成本的变化（交易成本上升或降低）对企业边界的影响是如何被企业生产性能力的差异中和的，对企业网络动态分析，发下交易成本和企业能力的互动能够促进企业网络动态变化的机制，形成交易成本和企业能力的互动循环，企业网络以此得到演进（戴万亮、路文玲和徐可等，2019）。

3. 基于企业生命周期的企业网络演化

海特和海丝特利（Hite & Hesterly，2001）认为企业网络的演化是由最初的社会网络向各种更加协调和完善转变的过程。企业网络随企业的出现、成长和发展而动态变化，在创业阶段，企业网络主要是企业家的个人社交网络，企业成长所需的资源大多来源于此，初入商业网络的企业处于网络下位，未能与外部企业建立起信任关系，因此从中获益相对较少；而随着企业的发展，仅从企业家个人社交网络获取资源已经无法满足需要，必须设法开辟获得新的资源渠道，实际上，随着商业活动的增加，企业也逐渐融入了区域内的商业网络，此时企业家个人社交网络和企业商业网络共同组成企业的企业网络，一起支撑企业的进一步成长。一方面，长期且频繁的商业活动使得企业与外部企业建立起了稳固的信任关系，另一方面，企业的发展也使得自身在商业网络中取得较为重要的地位。企业网络理论突破了原有企业理论，忽视企业之间可以相互合作的事实，探讨了导致企业间相互联结的网络安排，企业内部或外部各种交互作用的网络关系。在此基础上，时云辉（2005）认为核心企业网络的一般演化模式应该是由社会网络为主导的企业网络向生产网络为主导的企业网络演进，进而再由以生产网络为主导的企业网络向资源网络为主导的企业网络转变。社会网络、生产网络和资源网络同时存在于企业网络，但在企业的不同时期起主导作用的为其中的一个。在企业网络形成前期，企业网络具有规模小、企业联结松散的特点，其网络联结方式也依赖于口头承诺和企业的良好信誉等，表现为垂直结构，这个时期为机会识别期，是为下一时期更为紧密更为完善的关系做准备。在企业网络形成中期，企业网络规模迅速扩大，企业间关系开始变得紧密，专业分工更加明显，并且在制度和环境方面不断完善，表现为水平网络发展加快，这个时期为商务形成过程，这时生产网络起主导作用，企业能与相关利益者一起生产出低成本高质量的产品。在资源网络为主导的阶段，企业网络错综交错，资源信息丰富，可以搜寻网络内有形或无形的资源，增强企业创新能力，巩固企业品牌地位。

4. 基于资源依赖和资源基础的企业网络演化

资源依赖论强调企业外部资源，资源基础论强调企业不断获取新资源的过程就是企业间网络变迁的过程（Hagedoorn et al.，1990；Nohria & Garcia，1991）。资源基础论强调企业内部资源，企业网络的建立始于企业对外部异质性资源的需求，止于建立成本与内部资源的不足。企业拥有的资源由此产生了对企业网络发展促进和抑制的二元性。这也引发了一些思考，即是否存在最优规模企业网络。但是网络建立和发展成本的复杂性和资源约束缺乏理论界定所导致的总成本函数难以构造，最优规模企业网络无法通过计算得到，于是有学者就此试图将最优化条件和资源约束合理统一，得出"当边际效用等于边际成本时企业网络达到最优规模"的结论。

另外还有研究认为，企业网络由供应链向商业生态系统演化。这是企业在企业网络构建的思路上有了新的改变，不再囿于单纯的交易范围，跨越了行业和供应链的界限，把规模经济和范围经济在网络成员内共享，把企业网络范围拓展到存在着竞争、合作、依附、共生、捕食等多种关系的商业生态系统。从表面形式来看，企业网络由原来的纵向为主，演化为横向纵向交错的形式。

（二）非自发型企业网络演化

企业网络是企业与企业交互过程的载体，随着双方经济联系、技术合作、社会交流等关系纽带的变化，企业作为节点在网络中的位置和角色也会发生转换，进而引起网络结构的演变。当前企业间网络所形成的结构也会影响网络未来发展的路径和形态。

1. 企业网络的平衡演化和自组织演化

企业网络平衡演化是指当成员企业的成本和收益发生变化时，企业网络可能维持不变，也可能通过结构的改变来向另一个稳定的状态收敛，若改变之后的企业网络效率得到了提高，则称之为向上积累的平衡演化，反之称为向下积累的平衡演化。平衡演化是指当系统受到微小干扰而能够维持原来稳定状态或收敛于一个新的随机稳定状态（陈玉娇、覃巍，2017）。

与其相对，有一种观点认为，对于企业网络演进的考察，应该从经济、历史、文化、组织、社会等多方面与企业网络相关的领域来研究和考察。于是有学者基于混沌理论和耗材结构理论等自组织理论进行企业网络演进的研究，并认为：企业网络是一个开放性的组织，这个特点使得企业网络可以与外部的信息和资源进行交换，导致企业网络一直处于一种动态的非平衡状态，企业成员为取得竞争优势会不断与企业成员或者企业网络外部企业进行合作交流、资源互换和信息共享，这些行为交叉作用，产生网络协同效应以促进企业网络自组织演化。

2. 基于地理位置和政策环境的企业网络演化

地理学家强调尽管在全球化时代"流动空间"的影响日益突出，但"地方空间"依然不可或缺，区域产业集聚、地方网络以及"制度厚实"仍具有重要的地位和作用。莱希纳和道林（Lechner & Dowling，2003）认为大企业的出现会抑制本地企业网络的发展，这是因为大企业的出现对当地的小型企业产生吸引，小型企业会减少对原有企业网络的交互转而靠近大企业以期取得竞争优势，如此一来，原来的小型企业会集聚在大企业的周围形成大企业战略网络的一部分，原有的社会网络会被取代，而大企业随着自身的发展，也开始寻求外部资源和知识，把产业链末端交给本地企业负责，导致战略网络开始由本地化向非本地化演化。除此之外，企业网络往往会因为市场环境和地方政策而进行变化，薛敏等（2017）对艺术机构企业网络演变进行了案例研究，发现艺术机构的企业网络发生了"聚焦—扩散—收缩"的演进过程，其原因在于外部环境"行业动荡—行业平稳—政策调控"的变化。

根据梳理文献我们可以发现，企业网络的演进是一个极其复杂的过程，这个过程涉及很多因素，其演化行为除去本身的原因之外还受到复杂的外部环境所影响。而在企业网络的演进方向上学者们也有很大的分歧，一部分学者认为企业网络的演进是按照特定方向进行的，例如我们所说的由强关系网络向弱关系网络演进，由社会网络主导转向生产网络再转向资源网络主导；另一部分学者认为企业网络的演进是不确定的、多样化的，并且不总是向好的方向发展，例如平衡演化向上和向下的积累，企业网络基于混沌理论的自组织演化等。

四、企业网络与商业模式创新

在企业网络演化进程中资源是企业创新的关键要素，当企业网络规模发展到一定程度时，网络内的信息资源会慢慢趋于同质。因此，企业为了获取异质性的资源信息，会主动扩大企业网络的边界，构建新的企业网络，通过与相关的利益者联系达到共享的信息资源和知识，形成信息资源共享的企业网络的新体系，以推动企业商业模式创新（时云辉，2005）。研究表明企业的价值创造模式的效率是有限的，需要相关的利益者一同进行价值的创造，并联合企业网络的成员进行协同价值的创造才能获得整体的优势拉动企业的发展，即协同价值的创造促进企业进行商业模式的创新（Velu & Stiles，2013）。此外，企业的商业模式还受到企业网络中其他参与者的而影响，比如内部资源和外部资源的需求限制，促使企业对外建立了网络关系体系（Dunford et al.，2010）。因此，根据企业网络中的其他参与者的商业模式的变化以及企业网络伙伴间关系的变化，企业需要建立高效的网络关系体系，以快速地对市场做出反应，提高企业整合信息和资源的能力。

企业网络强调社会结构对主体经济行为的影响，是指企业的内外部网络。本研究借鉴许冠南（2008）的观点认为企业网络是处于企业和市场之间的、为获得更多竞争优势组成的一种长期的动态组织形态。资源成为企业能力发展的良好根基，企业网络提高了企业对异质性的资源获取的方式，而企业的动态能力却有助于企业的资源和绩效之间的相互传递。企业网络的建立不仅有助于企业提高双元能力，而且能够增强其在网络中的影响力（陈思洁、宋华，2020）。企业网络具有信息传递的作用，宋华等人（2018）指出企业网络通过借助企业所拥有的能力将网络资源转化为自身的动能促进企业绩效的提升，进而影响商业模式创新。

第二节　营销动态能力理论

一、动态能力

一直以来，动态能力都是各领域学者研究的重点，处于不同的研究领域和研究视角，学者们对动态能力的看法和理解也不同。蒂斯等（Teece et al.，1997）是最早提出动态能力理论的研究学者，他认为动态能力是一种比较高阶的能力，也是一种能够维持或者改变自身的核心能力，而且可以不断地对其进行重构。动态能力包含资源和战略两个层面，它们共同决定了单个企业能够获得的竞争优势的程度以战胜对手，持续为企业创造出新优势（Teece et al.，2018）。蒂斯（2017）指出企业动态能力与商业模式是相互依赖的，企业动态能力的强弱有助于塑造其商业模式设计的熟练程度，同时，商业模式的创新也有助于进一步揭示动态能力方面的研究。此外，在动态能力最新理论研究中，动态能力有助于指导大学如何管理其创新生态系统，并且可以分析大学在整个生态系统生命周期中的作用（Teece et al.，2018）。因此，蒂斯等（1997）总结认为动态能力实质上是对市场资源进行重置和分配，从而更好地在瞬息万变的市场中反映市场位势和已有路径，进而获取新的竞争能力，并且动态能力能够指导学者和管理者从事新的领域研究（Teece et al.，2018）。此外，董俊武（2004）等认为动态能力具有一定特殊性，可以使企业能力发生改变，并带来增值顾客服务，能够基于满足顾客需求的目标在竞争中不断创新商业模式，从而更好地为顾客创造新的价值。同时动态能力是一种特殊知识，与企业的文化信仰、资源、能力以及经营者的理念紧密相关，且分布性广泛，系统嵌入明显，这些特性都难以被竞争者模仿（辛晴、杨蕙馨，2012）。同时它也是一项拓展能力，注重克服核心竞争力已有的惯性不足、进程效率和创造能力，与核心能力的本质不同，其具有开拓创新能力，能使企业在有限的领域和较短的时间内增值，迅速调整内部资源与能力的分配，使企业在应对竞争对手时依然保持竞争优势。综上，艾森哈特等（Eisenhardt et al.，2000）强调，动态能力已经演化成为一种可以协调组织内外部资源以适应市场环境变化的特殊且可识别的组织流程或惯例，它来源于组织内部流程，即通过不断创新、演进等变化过程来构建企业竞争所需的重要驱动力，而且这些管理和流程重新使企业的资源和能力得到整合，从而让企业自身获得了区别于其他对手的市场竞争能力和优势地位。

二、营销动态能力

随着市场不确定性和竞争强度显著增强，企业在营销动态能力方面的组织能力愈显不足，难以维持企业长久竞争力优势，企业的静态营销能力必须向动态能力转变，以适应市场的不断变化和顾客的有效需求（Day，2011）。营销动态能力是把动态能力和营销理论结合起来的拓展性理论，起源于营销学者们对企业如何应对快速变化的市场环境这一关键问题的思考。琳达（Linda，2005）首次正式提出并界定了营销动态能力理论，认为营销动态能力是一种企业流程和惯例，企业可以通过流程将内部的市场性资源转变为进取优势（Day，2011；Hunt，2000），它所反映的是为适应市场动荡和技术变化而对营销资源进行整合的能力，涉及营销领域资源的开发、创造与使用（Teece et al.，1997；Eisenhardt & Martin，2000）。其他营销学者认为营销动态能力能使企业适应变化迅速和存在诸多不确定性的新商业环境，是企业商业模式创新的重要条件和基础，同时也是创造和传递顾客价值的跨部门商业流程的反应性和效率（Yogesh，2000）。营销动态能力通过重新分配市场资源达到满足顾客需求的目的，通过重塑商业流程来抵御风险，在商业流程中，产品研发流程、顾客关系流程和供应链流程是其关注的重点，为此，斯利瓦斯塔瓦（Srivastava et al.，1999）更深一步对这三个流程观进行了细致的阐述和界定。对于产品研发流程，越短的研发周期，越高的创新产品质量，越是有利于满足顾客的价值诉求，这是提升顾客价值的关键。而顾客关系流程是指管理包括顾客、渠道成员在内的利益相关者联系以了解和供应他们需求的跨部门流程，且该流程上的高效率和高反应性能够帮助企业更好地识别顾客的差异化需求和偏好，进而更好地传递并创造顾客价值。通过购买、共同研发、运载并使用原部件，将投入资源转化为优于对手的成本效益或者提供比竞争者独特的客户解决方案（Mentzer et al.，2001）。表 2-1 是动态能力在营销领域中的应用概念。

表 2-1　　　　　　　　动态能力在营销领域中的应用概念

作者	定义
琳达等（Linda et al.，2005）	营销动态能力是一种企业流程和惯例
坎贝尔（Campbell，2000）	企业内部的资源需要营销动态能力来转化，成为企业可用的竞争优势
蒂斯等（Teece et al.，1997） 艾森哈特等（Eisenhardt et al.，2000）	为应对动荡的市场环境和技术更迭，企业主动对营销资源进行整合时所需要的能力
约格什（Yogesh，2000）	营销动态能力是创造和传递顾客价值的跨部门商业流程的反应性和效率
方和周（Fang & Zou，2009）	营销动态能力是动态能力在营销范畴的特有形式，能够快速配置市场资源，有效满足顾客需求
斯利瓦斯塔瓦等 （Srivastava et al.，1999）	营销动态能力包含产品研发流程、顾客关系流程和供应链流程三个流程要素，以整合企业的有形资产和无形资产

资料来源：作者整理。

三、营销动态能力与动态能力

从概念上来说，二者存在一定的联系与区别。联系方面：第一，从资源与知识的视角来看，管理者认为营销动态能力是比较宽泛的一种动态能力，它是企业整合、培育和构建其他能力的基础。第二，从商业流程的视角来看，将资源基础理论视为核心的主流营销学者认为，流程观能够将企业现有资源转化为其进取的竞争优势，同时流程观也已经成为联系动态能力与营销领域的必然纽带。区别方面：第一，动态能力是营销动态能力的前提和基础，营销动态能力是动态能力的类型之一。第二，营销动态能力的核心是关注顾客价值，企业的不同跨部门商业流程是为顾客创造价值，满足客户需求，并且其动态性主要反映了跨部门流程的反应性和效率，而且营销动态能力主要是反映顾客价值的跨部门商业流程，而动态能力则是更广泛意义上的商业跨部门流程。第三，动态能力更多强调对企业资源与能力的重构，来响应外部市场环境的变化，以获取并维持企业自身竞争优势。而营销动态能力更多是组织市场营销资源的重置与分配，适应市场需求，赢取竞争优势。

从常用维度划分来说，二者也存在一定的联系与区别。动态能力的常用划分包括机会的感知能力、把握能力以及重构能力。机会感知主要是指企业从外部识别并获取创新机会的能力，强调外部整个过程，机会把握和重构能力主要是指企业从内部不同组织流程惯例来获取把握和利用机会的能力，强调内部整合过程。营销动态能力的常用划分包括产品研发流程、顾客关系流程和供应链流程（Fang & Zou，2009）。具体各维度的详细定义不再叙述。区别方面：从动态能力的划分维度来看，整合能力是其核心理论，可以理解为是整合和重组内外部资源的能力，并主要包括内外部两个整合层面。营销动态能力划分从本质上来说，就是跨功能业务流程的效率，或是高效率的组织流程（许晖等，2018），这是一种充分聚焦于其功能属性的划分方式

（李巍等，2017），换句话是从表现型的层面来对营销动态能力的维度进行划分（李巍、杨雪飞，2016），并且这种划分也是聚焦于营销动态能力在营销管理中的具体表现（李巍，2015），是为了追求顾客价值，在跨部门商业流程中的重要反映，并且这些跨部门商业流程是异常独特的，难以被竞争对手所模仿，即营销动态能力是通过企业的核心业务流程发挥作用。联系方面：二者的划分都强调了对内外部资源的整合重构的过程，即通过对市场资源的重置与分配，更好地实现资源与能力的利用，将整合资源优势转化为重构能力的过程以获取持续竞争优势。

四、营销动态能力与商业模式创新

商业模式创新是对商业模式内部构成要素调整变化或是对其商业模式本质进行颠覆性革新，同时也是组织内外部资源、能力等不同因素不断融为一体的特殊化动态化过程，通过持续对内外部资源与能力的重组与配置，进而构建自身核心竞争优势，实现企业的可持续化发展和不断创新（李剑玲、王卓，2016）。而营销动态能力，本身属于一种动态能力，是在动态多变的营销环境下应时而生的理论，是描述企业在如何应对复杂多变的市场营销环境中实现自身跨部门的商业流程的反应和效率进而快速满足客户有效需求的组织能力。动态能力视角来看，有学者围绕其与商业模式创新之间关系进一步展开了探究，曾萍等（2016）通过构建动态能力与商业模式创新之间关系理论模型，政府可以依靠动态能力来促进企业创新商业模式，即动态能力对商业模式创新具有一定的推进作用。戴亦兰等（2018）通过对全国207家初创企业问卷调查数据分析得出结论，初创企业可以通过提升动态能力进行商业模式创新以提升企业的成长绩效。王静（2018）认为商业模式是为顾客创造有效价值在适应外界动态环境条件下，由一些关键流程（价值主张和价值网络）所构成的体系结构。而动态能力有利于企业更好适应外部多变环境，并影响商业模式创新的整个过程。而且陈莉平等（2018）进一步指出，动态能力对商业模式创新四个构成维度产生正向影响，即动态能力通过驱动价值主张、价值创造、价值传递和价值网络来创新商业模式，提升企业竞争优势。

营销动态能力作为动态能力在营销领域的特有形式，虽然形式上与动态能力不同，但是属性上与动态能力相似，都是为了满足客户有效需求和创造顾客价值，在应对外部动态市场环境中，对市场资源进行重置和分配，进而提升企业竞争能力。于是又有学者在营销领域围绕动态能力与商业模式创新的关系展开研究。从营销学的研究领域来看，商业模式是依靠主动导向型市场来驱动创新的，是现有市场营销构造的革新和经销渠道的创新，它认为企业能够主动明确客户价值主张，实现顾客价值增值，促进企业销售获利，推动模式创新。然而有关营销方面动态能力与商业模式创新之间理论关联的研究还不是很多。如郭净（2013）指出企业营销动态能力的构成流程体现了资源配置的特点，能够帮助企业顺应变化莫测的市场消费环境，密切合作者关系和提升竞争能力。陈宁（2013）构建了营销动态能力与企业竞争绩效二者的理论关系模型，并运用来自制造行业样本对模型检验得出结论，营销动态能力是企业商业绩效提升的重要来源基础，有助于促进企业商业绩效，其中产品研发流程对企业绩效具有最显著的积极影响。在此基础上，李巍（2015）认为当企业具备较高营销动态能力时企业能够充分协调和配置自身的营销资源，实现商业创新匹配均衡发展，进而协调企业创新驱动竞争优势，推动商业模式创新。并且李巍等（2017）更进一步通过实证探究得出结论，营销动态能力作为调节变量可以有效促进企业新颖性商业模式创新进而有效促进市场效能，并且对新颖性商业模式创新构建的交易网络及交易方式中的资源进行重构和改造。在学者李巍研究基础上，张洁梅等（2015）又通过营销动态能力相关案例研究发现，供应链流程和顾客关系流程对企业绩效具有一定的积极作用，能够影响企业创新绩效。综上所述，在营销领域，动态能力能够提升企业创新绩效，促进企业创新商业模式。

五、文献述评

在梳理了国内外学者对营销动态能力的相关研究之后，本书认为营销动态能力是能够及时、有效地协调和配置企业自身所有的各种资源，并通过不同的跨部门商业流程识别企业内外部资源并予以有效匹配，达到满足顾客需求、提升企业竞争力的能力。通过对各方观点的比较可以发现，学者们对其本质概念持统一观点，即营销动态能力仍然是一种特殊的动态能力，它是动态能力在营销范畴的特有形式，而且营销动态能力作为一种商业流程和惯例，可以迅速满足顾客需求，应对风险，把资源转换成可以利用的优势。学者斯利瓦斯塔瓦更进一步认为营销动态能力定义三个流程观的要素解构是研究的主流和重点（产品研发流程、顾客关系流程和供应链流程），便于之后的学者更深一步地对其相关理论进行探究。综上所述，学者们提出企业资源与营销动态能力的联系表现为如何被用来创造顾客价值和管控商业的未知性和动态性方面。企业特有的营销资源要经过产品研发流程、顾客关系流程等基于市场的流程来创造顾客价值，持续的顾客价值又可以为企业增加良好绩效，促使企业很好地投资市场性资源。

因此本书认为营销动态能力更多的是在产品研发流程、顾客关系流程、供应链流程等流程驱动因素的影响下所创造出来的一种商业模式价值。只有那些善于改变核心流程和惯例、持续重构资源和能力的企业才能比竞争对手更好地创造价值，而这种创造顾客价值的商业流程也就是营销动态能力，它无疑是企业改造资源构建新的价值创造战略的源泉。纵观研究历史，有不少学者对商业模式创新进行了研究，从动态能力角度出发的研究也有很多，而从营销领域研究动态能力对商业模式创新影响的视角相对较少，本书则通过借助营销动态能力，进一步研究动态能力在营销领域对商业模式创新的影响。

第三节　商业模式创新理论

商业模式创新一词最早在 20 世纪 50 年代出现，当时并没有引起什么重视，直到 90 年代，"商业模式创新"才作为一个被关注的商业名词得到广泛的传播。时至今日，商业模式创新频繁地被提起，但是关于其概念却没有被确切地定义过，许多学者对它进行了研究，并从不同的角度和维度进行了解释。齐二石（2016）认为商业模式创新的研究经历了三个阶段，第一阶段的研究关注单个创新主体和单一资源，认为商业模式创新是企业为寻求价值获取而对企业本身组织和管理系统等进行改善的行为，虽然认为商业模式对企业运营、管理、资源配置等商业活动的指导作用，但研究局限于企业内部，属于封闭式的研究，这类研究集中于 2002 年以前。随着研究的深入，对商业模式的研究进入了 2002~2010 年的中期阶段，一些学者开始把关注点从价值获取活动转移到价值创造方面，这时候主要研究半封闭式商业模式创新的研究，这类研究的特点是，考虑焦点企业与顾客、供应商、合作方等外部利益相关者之间关系网络、互动方式、互动涉及的生产资源的重新设计，提出商业模式既是企业战略在概念和组织结构层面上的落实，也是指导商业活动的基础。虽然这个阶段的研究已经在企业本身方面有了颇多的成果，但是并没有太多的关注企业之外的相关利益者。直到 2005 年以后，越来越多的研究者意识到企业外部的相关利益者对企业商业模式创新促进的重要影响，研究由此进入开放式商业模式创新研究阶段，大量的事实表明，知识在焦点企业和外部利益相关者之间的转移是商业模式创新的重要因素。此类研究关注焦点企业关注多方参与者和多方资源，认为商业模式创新是一种新知识，涉及企业跨组织的交易活动，知识在焦点企业与其他企业之间的流动，一方面为外部企业创新提供了资源，另一方面也为外部企业协助焦点企业进行商业模式创新打下了基础，最终实现企业间的协同创新。

一、商业模式和商业模式创新定义

根据理论体系，商业模式的定义可以分为经济类定义、运营类定义、战略类定义、系统类定义四种类别。

企业以市场为导向，以消费者需求为发展需要，发掘顾客的潜在需求，创造出比竞争对手更符合消费需求的产品占据市场主导地位（郭笑春、胡毅，2020）。经济研究学者将商业模式看成是一种经济模式，企业如何获取利润，其中的方式和逻辑是研究的重点，并认为消费者和顾客是商业模式创新的源头，双边市场是其特征。如回津（Huizingh，2002）把商业模式当作一种决定企业生存、发展成本与收益流的构造方式；彼得（Peter，2020）等认为商业模式是使得企业持续获取收益的一种价值模式。

运营类定义关注企业运营结构，着重说明企业内部的流程和基本构造的设计。商业模式是对企业产品、服务、信息流架构，企业运营各类参与者、参与者作用、利益和收入来源的描述，也是对为利用商业机会创造价值而设计的交易内容、结构、治理机制的描述。

战略类定义商业模式则多从战略高度出发，包含组织边界、市场主张、目标市场、增长机会和可持续性（王金凤、王永正和冯立杰，2020）。此类定义主要关注整个由各方参与者组成的商业系统的价值创造、价值传递以及参与主体所能获得的利益等。商业模式描述了价值主张、细分市场、竞争战略、企业内部价值链结构、企业成本结构和潜在利润、企业在包含客户和供应商的价值网络中定位。奥斯特沃德（Osterwalder，2001）认为商业模式是使企业获得持续收入的顾客价值、企业架构，以及企业与共同创造、营销、传递价值的合作伙伴的关系网络、关系资本。宋晶等（2016）在其研究中发现，商业模式是企业与外部利益相关者共同为顾客创造价值的一系列活动，包含市场定位、业务模式、关键资源能力、营销渠道、盈利模式等要素。

系统类定义是对经济类定义、运营类定义和战略类定义的一种整合提升，其核心观点是成功的商业模式无法被模仿，研究商业模式应该从企业的经济、运营和战略协同关系上去探究商业系统运行的本质。佐特和阿米特（Zott & Amit，2011）认为商业模式是从系统层面上对企业如何开展商业模式的问题进行详细说明与解释。阿米特等（Amit et al.，2001）认为商业模式是一种表示企业正常运转的逻辑上的概念工具，分析企业是如何通过创造顾客价值、实现价值传递和最终的价值获取。罗珉（2005）则认为，商业模式是一种企业的战略的创新或变革，是帮助组织获得长期的竞争优势的组织和制度的结构的连续体。

商业模式与商业模式创新本质相同：前者的目的是探寻目标企业商业模式，识别其新颖的要素及要素间的关系；后者是对相关要素及要素间的关系进行更新，改进原来的模式或者创造新的模式。正如佐特和阿米特（Zott & Amit，2010）所说，商业模式创新是对原有商业模式关键元素的重组和拓展从而设计新的业务系统，是一种超越企业边界，从根本上改变顾客、供应商、竞争对手、合作伙伴和其他利益参与者的交易关系的方式。此外，也有众多其他角度的研究来试图定义商业模式创新，如福斯等（Foss，2017）从整体视角来看，商业模式被看作一个结构系统，企业可以通过该系统向客户提供优于竞争者的产品价值或服务价值，并获取收益；奥斯特沃德（Osterwalder，2004）在价值链之外，考虑了构成要素，认为企业通过改变商业模式要素或调整价值链实现创新；原磊（2007）认为商业模式创新是商业模式的更迭，进一步实现企业和顾客价值最大化的过程。

二、商业模式构成要素

由上述文献综述可知，商业模式创新是对商业模式构成要素的重新整合，是对要素关系的更新。那么商业模式的要素都有哪些呢？通过对文献的梳理，本部分汇总了商业模式的构成要素，如表 2-2 所示。

表 2 - 2   商业模式的构成要素汇总

序号	作者	数量	构成要素
1	提姆斯（Timmers，1998）	4	价值网络、盈利模式、信息/服务/产品流、收入
2	基姆和莫博涅（Kim & Mauborgne，2000）	7	价值网络、目标市场、价值主张、收入、成本、利润、能力
3	阿米特和佐特（Amit & Zott，2001）	7	价值创造、交易内容、交易结构、交易治理、产品/信息/服务流、能力、商业机会
4	切斯布洛（Chesbrough et al.，2002）	6	价值网络、价值主张、目标市场、盈利模式、内部价值链结构、竞争战略
5	马格雷塔（Magretta，2002）	5	价值主张、供应链结构、成本、利润、法律事项
6	翁君奕（2004）	3	价值主张、价值支撑、价值水平
7	奥斯特沃德等（Osterwalder et al.，2005）	7	伙伴网络、价值主张、目标市场、分销渠道、顾客关系、盈利模式、核心能力
8	罗珉（2005）	3	市场环境、内部结构、竞争战略
9	原磊（2007）	4	价值网络、价值主张、价值维护、价值实现
10	赵红丹，彭正龙（2009）	8	价值主张、价值内容、价值关联、目标市场、价值结构、价值活动、能力、渠道
11	蒂斯（Teece，2010）	5	产品/服务流、目标市场、收入流、盈利模式、顾客价值主张
12	王晓明等（2010）	3	内部资源、外部环境、内部组织结构
13	艾登等（Iden et al.，2012）	4	价值网络、价值主体、市场战略、收入流
14	程愚，孙建国（2013）	4	价值获取、资源、能力、战略决策
15	张越，赵树宽（2014）	5	企业的核心产品、目标市场、运营流程、价值分配原则、价值链结构
16	罗珉，李亮宇（2015）	4	社群、平台、跨界、资源聚合与产品设计

序号	作者	数量	构成要素
17	林巍，王祥兵（2016）	7	价值主张、目标定位、资源整合能力、合作伙伴、盈利模式、客户关系、接触渠道
18	张世彤，陈舒（2017）	9	价值主张、成本结构、核心伙伴、关键业务、核心资源、收入来源、客户细分、客户关系、客户渠道
19	汤莉，杜善重（2017）	9	顾客价值主张、核心产品、价值创造、价值传递、价值获取、物流、商流、资金流、信息流
20	胡保亮（2018）	9	目标顾客、价值主张、客户关系、渠道通路、收入来源、关键活动、核心资源、重要伙伴、成本结构
21	霍红，吕爽（2018）	5	目标顾客、产品和服务、目标市场、盈利模式、价值实现

资料来源：作者整理。

表 2-2 列举了商业模式构成要素的不同观点。我们可以发现这 19 种商业模式构成因素有所异同，由于对商业模式考察的深度、广度以及角度的不同导致了因素数量 3~8 种不等。然而通过比较可以看出，一共提出了 34 种构成因素，许多因素被反复提及，其中价值主张（企业通过其产品和服务向消费者提供的价值）被提及 8 次，价值网络/伙伴网络（公司之间为提供有效价值并实现商业化而形成的合作关系网络）被提及 8 次，产品/服务/信息（公司所提供的价值）被提及 6 次，目标市场（描述了能够为公司提供价值的特定顾客群体）被提及 5 次，盈利模式（公司通过各种收入流而创造财富的途径）被提及 5 次，能力（公司执行商业模式所需要的能力和资格）被提及 5 次。这说明虽然研究者们对商业模式的定义角度不同，但对于一些构成因素的看法还是有相同之处的。这对于我们理解商业模式有很大的帮助。

三、商业模式创新路径

随着商业模式理论的发展和丰富，商业模式创新"如何给企业带来积极作用？""带来什么样的积极作用？"一类的问题得到了很好的回答，但是"是什么因素导致商业模式创新？""为什么这些因素会导致商业模式创新？""这些因素如何对商业模式创新起到作用？"等问题引起了相关学者的思考，正如布克等（Bucherer et al.，2012）所述，虽然商业模式创新对企业的长期成功或失败具有决定性的作用，但是我们还未在实践中找到通用的商业模式创新的方法。

基于以上的背景，商业模式创新路径的探索成为新的研究重点。然而不同的理论体系和研究角度导致了学者们对商业模式创新路径的研究也各有偏重。

（一）资源依赖视角下的商业模式创新路径

在资源依赖视角下：根据资源基础观理论，企业取得商业模式创新的成功，必须要最大化地利用组织内外的资源，强化与外部行为主体的合作交流（刘贵文等，2019），商业模式创新是调整优化企业内外部资源以获取新的商业机会和竞争优势的创新活动（李靖华等，2019）。姚伟峰等（2011）基于资源整合视角，提出商业模式创新路径以技术创新为开端，借助企业内外部资源整合建立新的盈利点和竞争力，最终为客户创造价值。因此，丰富的资源基础将成为制造企业应对风险、实现商业模式创新的重要支撑和关键推动力。

（二）技术创新视角下的商业模式创新路径

技术创新会引发商业模式创新（Pateli & Giaglis，2005），原因在于技术创新并不能创造价值，技术创新必须通过商业模式创新进行转化才能带来价值，由于技术创新的需求，从而驱动了商业模式的创新。喻登科和严红玲（2019）认为商业模式可定义为以获取盈利为目的的商业机构为高效运营和获得核心竞争力以及占据行业领先地位等而设计的由系列运营功能模块构成的整体性系统构型。然而技术创新本身不能带来价值，利润和竞争的优势需要通过商业模式创新将技术创新转化才能得到保证（王雪东、董大海，2013）。戚耀元等（2015）探讨了企业技术创新与商业模式创新之间的耦合作用机制，并构建了技术创新与商业模式创新耦合关联度及耦合协调度模型，为研究商业模式创新技术驱动机制提供有意义的参考。在此基础上，有学者进一步认为价值创造模式已经不再是从供应商到企业再到顾客的线性过程，而是建立在多个伙伴构建的价值网络中多种交易关系和活动体系的复杂交互过程（江积海，2014），因此，基于价值共创的价值网络促进了企业商业模式创新。

（三）能力视角下的商业模式创新路径

在全球化竞争日益加剧和外部环境越发动荡的背景下，企业实现商业模式创新成为决定企业成败的重要因素之一。成功的企业能够通过持续不断的商业模式创新为企业塑造竞争优势，而能力就是用来解释企业随着时间的推演如何保持竞争优势（宋立丰、祁大伟和宋远方，2019）。唐赟秋和韩明华（2020）基于核心能力视角，以内外部的情境驱动力作为商业模式创新的推动因素。王金凤等（2019）构建了管理者能力影响商业模式创新的理论模型，创新认知、二元性创新、互补性资产管理等三种管理者能力均与新创企业商业模式创新正相关。企业资源与营销的关系体现在如何被用于创造顾客价值和掌控市场的不确定性和动态性方面。企业通过基于市场的流程创造顾客价值，进而为企业带来较好的财务绩效，为投资基于市场的资源提供支撑，进而激发企业的商业模式创新。

（四）功能视角下的商业模式创新路径

吴晓波等（2017）从功能角度分析制约和驱动企业进行商业模

式创新的因素，并从战略领域三个核心学派的观点出发，对商业模式创新的形成机制进行了解释，认为商业模式创新要素由内外两部分组成，两者相互作用的过程即是新的商业模式建立的过程，作用的结果即是商业模式的创新。

此外还有很多学者对商业模式创新的创新路径做了解释：如里卡尔和卡萨德苏（Ricar & Casadesus – Masanell，2010）认为商业模式的构成要素就像一个"菜单"，通过改变菜单的内容就有可能导致商业模式的创新。泰米等（Trimi et al.，2012）从组织结构、技术创新、顾客需求三个方面出发来探索商业模式创新是如何发生的。原磊（2007）综合国内外学者的研究，提出基于价值模块、基于界面规则和两种形式混合三种创新路径。张婧等（2010）认为，市场导向的净效益遭到广大学者诟病的原因在于笼统地将市场导向限定为反应型市场导向，而没有关注到企业主动探寻潜在顾客需求的先动型市场导向。先动型市场导向强调充分挖掘与现有经验迥异的新知识，是决定企业创新成功的关键因素，进而促进组织的市场成功。张力等（2021）从多层次视角出发，以中国新能源汽车产业为例得出商业模式拥有拓展型、整合型和模仿型等五条创新路径。

第四节 研究述评

目前已有理论和实证文献对企业网络和商业模式创新、营销动态能力和商业模式创新二者的关系进行了研究，但有关企业网络、营销动态能力如何促进商业模式创新问题的研究有待进一步完善。特别地，在经济全球化发展的背景下，缺少充足资源和能力的企业如何通过构建企业网络、打造动态能力而推动商业模式创新的问题关注过少。

本书将企业网络、营销动态能力和商业模式创新放入同一研究框架内，企业如何利用企业网络（资源）和营销动态能力（能力）这种内外部资源才能更好地推动商业模式创新，是本书的首要目标。企业网络的建立能力对企业在市场中的发展产生影响，而营销动态能力又会对企业的基础资源能力产生影响，通过对企业网络与营销动态能力二者相关文献的总结和梳理，可以发现企业网络作为企业的一种网络资源，网络形式及其网络结构对价值创造产生影响进而影响商业模式创新。而且，企业网络中的网络关系强度、网络密度、网络规模、网络中心性等因素可以为企业带来并创造出新的商业价值。营销动态能力作为一种特殊的营销能力，更多地是在产品研发流程、供应链流程、顾客关系流程三大流程驱动因素的作用下，通过企业各种资源的重组和配置，迅速地推动企业快速满足顾客的有效需求，从而创造出一种新的商业模式价值。综合来看，企业网络更多是通过相关利益者的关系与结构为市场提供不同类型的网络资源，包括竞合网络、市场资源、相关利益者的价值网络，而营销动态能力更多是为响应顾客差异化需求，对企业网络提供的各种网络资源进行重置、整合与分配，从而更好地实现跨部门商业流程的反应性和效率，为企业商业模式创新提供强劲的驱动力量。

商业模式创新是当下中国企业，特别是中小企业在面对激烈的全球竞争时获取持续竞争优势的重要手段。从微观层面而言，商业模式是对企业资源进行设计以便利用外部商业机会获取价值，并能表明外部利益相关者相互关系的交易结构体系，所以商业模式创新的成功需要企业整个组织自上而下的协调，建立内外部企业网络，充分利用资源；而营销动态能力是企业管理决策者根据创新的目标而对企业的资源和能力进行重新配置，从而创建、调整现有资源的能力，是对商业模式创新的重要支撑。

银行业商业模式创新案例分析

——以 EEDS 银行为例

第三章探究了价值链与商业模式创新之间的理论关系，基于价值链的视角深度探讨区域金融业价值链对商业模式创新影响机制，为商业银行的商业模式创新提出了一些可行性并且具有实质性作用的建议。本章的研究内容是对第四章研究内容的一个铺垫，第三章与第四章的研究主题紧密衔接，具有层层递进的作用，增加报告论述的层次性，由价值链延伸到价值链上的上下游企业，进而扩展到企业网络视角探究餐饮业商业模式创新。第三章对报告中的研究问题是一个推进作用，从一个点进行切入，然后进入研究主题。

近年来，商业模式创新越来越成为银行业企业获取核心竞争优势的重要动力。商业模式创新已成为学者们研究的热点，国内外学者对于商业模式创新的研究也取得了不错的成果，陆续有很多学者对商业模式创新的概念进行了新的界定，拓展了对商业模式的认识。由于出发点和侧重层面不同，对商业模式的看法也不尽相同，同时，研究角度和方法的不同，得出商业模式创新的过程也不尽相同。在前人对商业模式创新理论研究的基础上，发现已有的对商业模式创新的研究在价值链视角探讨商业模式的创新选择问题还存在不足，缺乏对价值链中的某一因素如何影响商业模式创新问题的研究。

基于此，本章从价值链视角研究影响商业模式创新的因素。在利率市场化、外国资本介入的环境下，区域金融业的竞争更加激烈，银行业需要寻求新的发展方式，革新原有的商业模式。本章基于价值链的视角，主要分析了区域金融业的经营模式及其价值链的构成，以EEDS银行为例，首先介绍了银行的基本价值链活动，即从价值链的基本活动和辅助活动两方面展开论述，理论上丰富商业模式创新的相关研究，实践中希望可以给区域金融业一些实质性的指导意见，最后有针对性地提出了区域金融业商业模式创新的发展对策。

第一节 EEDS 银行案例描述

一、EEDS 银行介绍

（一）内外部价值链分析

通过对 EEDS 银行的管理者、合作伙伴的访谈，我们发现其在价值链中以顾客为中心，基础部分由企业的组织流程和企业组织构成，共同构成包含基本活动和辅助活动的 EEDS 银行价值链。其中，基本活动主要是：与顾客的资金往来、资金处理、市场营销以及提供给顾客的各种金融服务活动等，它是银行的主要经营活动，是银行经营系统和经营网点所作的价值活动。辅助活动主要是指银行建立的各种基础设施、人力资源部门、各种高科技技术及企业文化等构成的辅助银行基本活动的价值活动，辅助活动是组成价值链的重要部分。

根据上述关于价值链的理论，EEDS 银行的价值活动分为两部分：基本活动和辅助活动，如图 3－1 所示。其中基本活动包括：EEDS 银行的资金筹措、与各利益相关者的业务处理、银行本身的风险管理、银行市场营销和增值服务等构成其价值的直接活动。银行的直接利润来源于这些基本价值活动，是银行经营活动的重要构成。而

EEDS 银行的辅助活动包括银行的基础设施结构、技术支持优质金融服务、各种类型的金融产品开发、各利益相关者的银行价值活动业务往来等。EEDS 银行的辅助活动支持和影响银行的整个价值创造，辅助活动和主要活动相辅相成、密不可分，共同促进 EEDS 银行的商业模式创新。虽然银行的辅助活动不直接参与价值创造，但能够直接影响银行的收益，辅助活动也和基础价值活动一样重要。因此，EEDS 银行在重点创新基础活动的同时，也比较重视自身的辅助活动。

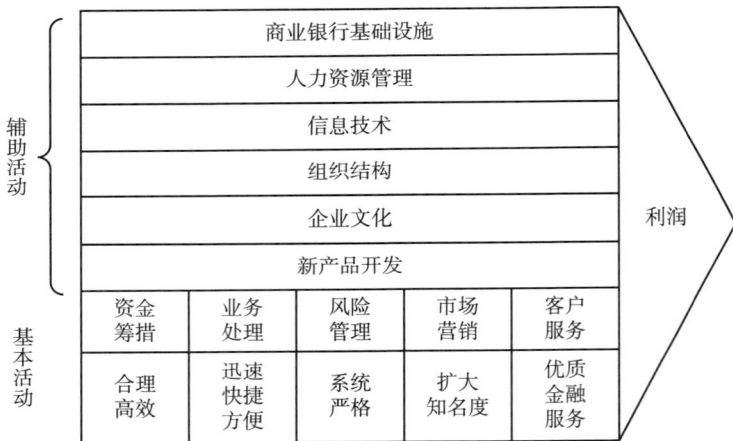

图 3 - 1 商业银行价值链

资料来源：作者绘制。

（二）价值链与商业模式创新的关系

廉志端（2014）认为企业商业模式创新的过程是通过对企业的全部价值活动进行分析，然后做出优化选择。其本质就是针对企业的基本价值活动，分析和整合，创新性地对某个活动进行变革。由此知在价值链的视角下，商业模式创新即是对价值链上的基本活动和辅助活动的创新，包括基本活动和辅助活动，每一个活动的创新都有能驱动整个企业的商业模式创新。价值链中包含企业价值，也包含与企业联系密切的客户、同行或非同行的其他企业，是一个网状式的价值链。拉帕（Rappa M A，2004）在其研究中指出，商业模式能够划分企业在价值链中的位置层次。曾楚宏等（2008）也对企业中的价值链进行研究，发现价值链可以促进商业模式创新，一致认同拉帕的研究结论。由上述分析可知，基于价值链的角度研究商业模式创新具有一定的理论基础。首先，区域金融业在经营过程中不是孤立存在的，和其他行业一样，处在同质或互补的行业环境中，价值链中每个活动单元是依照银行的发展和经营的情况而制定的，不是仅局限在简单的价值链中；其次，基于价值链视角的银行商业模式创新认为，银行价值链中的各活动单元之间相互影响和改变是商业模式创新的内在机制，基于价值链的商业模式创新较为独特，具有整体性和系统性的特点。

　　银行的价值链中的各个活动环节都蕴含商业模式创新的机会，商业模式创新涉及的所有活动均与企业的价值链有关。区域金融业进行商业模式创新时，可以从企业的价值链着手，通过扩展自身基础价值链（如前向一体化和后向一体化）创新银行的商业模式；也可以通过分拆价值链和职能外包的方式将价值链缩短，从而达到创新商业模式的目的；抑或通过对自身基础价值链延展和分拆两种方式同时创新企业的商业模式；此外，还可以通过改变银行业价值链上的一项或多项基础价值活动，对价值链上的资源整合创新区域金融业的商业模式。上述四种基于价值链的视角创新商业模式的过程，是企业经过仔细分析价值链上的活动，改变或创新原有价值链上的活动，并将创新后的价值链进行重组，形成一个高效率的企业价值模块，模块与模块之间形成系统架构，代表了高效的价值体系，对于商业模式的创新更能激发巨大的潜力。通过对价值链与商业模式创新关系的分析，本章总结了在价值链角度创新区域金融业商业模式的四种类型：价值链整合型模式创新、价值链聚焦型模式创新、价值创新型模式创新、混合型模式创新。

(三) 基于价值链的商业银行商业模式创新类型

1. 价值链整合型模式创新

价值链整合型模式创新,即站在价值链的视角分析商业模式创新,依据前人研究基础,认为价值链整合型模式创新是整合价值链上的价值活动,进而创新企业商业模式。银行通过将价值链向两端延展,如向合作伙伴和顾客端的延伸,不仅可以加强银行与其他企业的合作,结成战略联盟关系,也可以使银行和企业相互持股,建立稳定的客户群和长期的资金来源,这样能够使区域金融业的价值链涵盖更多的价值活动。例如现存较多的银行是混业经营,即利用其资源优势(包括客户、设施、技术、信息、人才等),开办保险业务、理财产品等新兴的银行价值活动。此外,区域金融业还可以向价值链上游延伸,与上游企业如向银行设备制造商合作,或将价值链横向延伸,加强同行的合作业务,结成战略同盟,形成合作伙伴关系,既方便提高彼此的收入绩效,也能为顾客提供便捷的服务。根据上述分析可知,价值链整合型模式创新是将银行的整个价值链的活动进行拆分并整合,增强了链上各活动紧密性,扩展了银行业各利益方的价值网络。区域金融业创新商业模式的方式,有效提升了银行的效率和整体竞争力。

2. 价值链聚焦型模式创新

价值链聚焦型模式创新,即拆分整合再聚焦的商业模式创新。银行根据自身现拥有的核心能力,将企业在价值链中的位置进行聚焦,以便应对外界环境的不稳定性,此时的银行必须将原有的商业模式进行革新,这就需要考虑企业自身价值链的各价值活动。银行可以主要创新价值链的核心环节,这些环节能够极大地改变银行现在的商业模式,将那些非核心的价值活动剔除或者外包给其他专业公司等。不仅可以有效降低银行的经营成本,提高营业效率,也可以加强银行在基础活动上对各利益方尤其是伙伴关系的价值链聚焦。因此,银行的价值链聚焦可以促进商业模式创新。

3. 价值创新型模式创新

价值创新型模式创新是银行常采取的商业模式创新方式之一，对其整个价值链上的价值活动进行革新，创新程度高，其他银行将难以模仿，极大程度上增强企业的核心竞争力。通过对价值链上的所有价值活动进行分析，寻求任何可以创新的机会，这种创新既包括技术层面的创新，又包括企业层面的创新。通过对基础活动进行创新，扩大企业网络并逐渐培养银行企业的营销动态能力，从而占取市场机会，价值创新型商业模式创新能有效提高银行的商业模式创新度。

4. 混合型模式创新

混合型模式创新，顾名思义，混合型的商业模式创新即是涵盖了前面三种形式的一种或两种，或三种商业模式创新形式全部包含的形式。随着经济的快速发展，消费需求也变得多样化，因此在面对非常不稳定的外界环境时，银行业有必要采取多种方式创新其商业模式，不断地根据自身优势结合外部环境进行创新。可以采取对银行业的价值链进行拆分、重组、纵向的延伸、横向的扩展等方式，实现区域金融业的核心优势，提高应对市场变化的能力，根据市场需要，及时调整商业模式的创新方式。因此，银行可以根据自身的资源和能力，协调整合价值链上的各种活动，最大限度地提高银行业的竞争力，进而促进商业模式的创新。

二、EEDS 银行基本活动

1. 资金筹措环节

资金是银行企业的血脉，是银行经营的主要基础活动之一，一个银行的生存和发展，得益于其资金来源的稳定。EEDS 银行在资金筹集环节创新了筹集方式，新推出各种优惠套餐活动，多种方式相结合，开发多种业务活动，使其能够在行业中保持持续的竞争优势。

2. 业务处理环节

商业银行的一切活动是以其金融产品为依托的。产品能为顾客带来价值，才能为银行带来收益。因此，EEDS银行积极采取措施，引进先进的技术及经营的软、硬件条件，及时、迅速并且准确无误地处理好业务，不仅提高了服务质量，增加了顾客满意度，而且提高了银行绩效。

3. 风险管理环节

风险管理是EEDS银行非常重视的一个价值链环节，EEDS银行具有严格的风险意识，时刻保持着警惕的状态，不仅因为风险管理是银行价值链中的一个重要价值活动，还是因为对风险的把控可以使EEDS银行面对紧急情况时可以及时地采取措施去补救。银行业的产品从表面上看是货币，但实质上其产品是企业经营的信用。EEDS银行的这种经营特点也使其在风险中获得收益，难免会给银行带来风险，因此，EEDS银行采用高科技手段有效预防和降低了价值链中的风险。

4. 市场营销环节

EEDS银行经常与客户进行交流，积极收集客户的反馈，并及时调整银行的服务模式，这个环节是EEDS银行与客户交流最后的价值活动，其能做好分析和应对措施，实施针对顾客需求的有效政策。EEDS银行根据发展需要主要是向客户推荐一些营销业务，这些不同的营销活动可以针对不同的客户进行有针对性的推销，既能提高顾客的效益和财产安全，也能促进EEDS银行收入的提高及顾客满意度。如果EEDS银行采用单一的营销手段很难持续长久的成功，这种时候银行自身的营销模式组合在一起，整合自身资源，才能建立长久的竞争优势。

5. 客户服务环节

EEDS银行积极建立和培养客户关系，改善客户服务环节，追求极致的服务质量，向客户提供一系列的增值服务，包括基本的存取款业务、密码修改、自动转存等业务。EEDS银行的收益也受其服务的影响，与服务紧密相连，因此，在价值链活动中的客户服务环节的创新也能促进 EEDS 银行的商业模式创新。现如今金融市场已然演变为买方市场，客户的选择空间很大，因此，银行要根据市场情况有针对性地为顾客提供服务管理，针对不同的客户需要提供个性化的价值链活动。服务环节可以创造价值，服务可以带来信息反馈，可以形成企业品牌，可以为银行带来高附加价值。

三、EEDS 银行辅助活动

1. 商业银行基础设施

EEDS 银行的基础设施非常健全，拥有自动一体化的服务管理水平，由价值链上大量的活动组成，如银行计划、财务管理、人员调动、资源分配等，这些活动会影响银行的效益，涉及银行的资金往来业务，关系到银行的成本管理，是价值链中不可忽视的一个环节。除此之外，EEDS 银行还建立了有形的基础设施，如完善城乡的服务网络，对目标市场多节点、全覆盖的规模建设，能够有效提升 EEDS 银行的效益。

2. 人力资源管理

EEDS 银行有自己的一套完备的人力资源管理系统，依据市场需求可以随意调配人员，以达到快速响应需求的速度。系统中包括 EEDS 银行制定的关于对绩效的考核体系、指标体系、各岗位人才从招聘到上岗的一系列活动以及员工工资和福利待遇等。人力资源管理是 EEDS 银行价值链上的辅助活动，保证了整个价值链的稳定运行，采用信息化的管理方式，科学有效地做到人力资源的合理分配，既提高了 EEDS 银行整体的人员素质，也提高了服务质量。

3. 信息技术

EEDS 银行的信息化管理是由现下各种高科技构成，建立健全信息库和数据库，主要有自动化的系统设计、网上银行、手机应用程序（App）、销售支持、市场调研等。同时，EEDS 银行还会自主创新，利用自身的信息技术，向客户推出周期性、短暂性、高收益的理财产品，提供针对性不同的增值服务，从而使 EEDS 银行的商业模式表现出差异化。

4. 组织结构

一个企业的组织结构分为锥形和扁平化两种形式，而 EEDS 银行的组织结构是在一种创新性的，其对信息技术的合理采用，使 EEDS 银行的组织结构逐渐发展为矩阵型组织结构和网络型组织结构。网络型组织结构即一种扁平化的组织结构，更符合 EEDS 银行的发展需要和战略规划，能够使基层的信息及时反馈给管理者，有效提高服务质量和顾客满意度，增强 EEDS 银行整体的运行能力，进而创新其商业模式。

5. 企业文化

银行的主要职能是经营货币，负责货币的流通与存储，但企业文化也是属于 EEDS 银行的一部分，是一种亚文化。体现出金融行业的特征：风险文化、服务文化、信贷文化的特征。是一家银行的观念形态、存在方式，具有导向约束激励功能，能够成为商业银行长盛不衰的动力。

6. 新产品开发

在我国的金融市场，市场竞争都最终体现为金融产品和服务的竞争。根据对 EEDS 银行价值链的分析发现价值链上的其他活动增值空间有限，但对于新产品的开发却存在上升的空间和幅度，成为 EEDS 银行利润来源的一个源泉。因此，EEDS 银行非常重视在新产品开发中投入大量的人力、物力，全面支持银行业务的拓展。

第二节　EEDS 银行案例发现

本章根据前人研究基础，将 EEDS 银行的价值链类型设计为基本价值链、延伸价值链、价值链价值创新以及价值链混合创新。每个商业银行都可以结合自身优势，识别其价值增值环节，通过价值链的重构及延伸构建不同类型的银行商业创新模式，构建 EEDS 银行价值链与商业模式创新要素之间的关系构念模型。图 3 - 2 即为 EEDS 银行价值链与商业模式创新要素关系的理论模型。

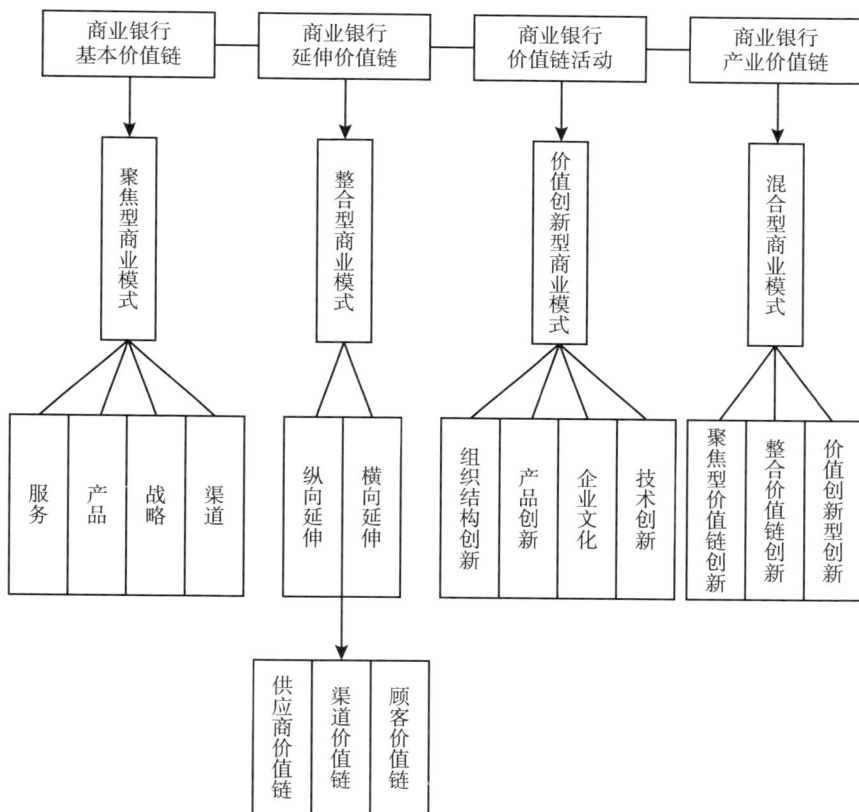

图 3 - 2　EEDS 银行价值链与商业模式创新要素关系的理论模型

资料来源：作者绘制。

由图 3 - 2 的理论模型我们可以看出，EEDS 银行的价值链类型是：基本价值链、延伸价值链、价值链活动以及产业价值链，在每种价值链类型的基础上进行商业模式创新，形成四种新的商业模式，其中包括聚焦型商业模式、整合型商业模式、价值创新型商业模式以及混合型商业模式，在四种创新的商业模式类型中，又可以进一步细分，这些关键的要素是组成 EEDS 银行价值链上的价值活动。通过案例分析和理论模型构建，得到如下结论。

一、重塑组织结构，打造最优价值链

银行业应根据自身能力，结合外部环境的变化，合理重构价值链的每个环节，保持自身的优势环节，联合合作伙伴，加强劣势环节。具体应对措施：组织机构扁平化，缩短流程环节与决策时间，运用科学管理以及信息化技术，将前台与后台的业务流程有机组合，构建内部或虚拟价值链，可以在提高效率的同时降低成本。优化内部价值链的基础上，建立外部联盟，通过联盟合作，推进价值链各个环节的合作，优势互补，增强竞争能力。EEDS 银行进行价值链的重构过程，实质是在创新其商业模式，使银行内部能达到成本节约和获得较高收益的目的，又同外部价值链联系环节实现协作问题，明确自身在产业价值链上的位置，使银行能获得价值链集成效益。

二、丰富金融产品，建立完善的产品线

区域金融业主要的工作是满足客户的需求，以顾客为中心。在面临客户需求多样化，金融产品竞争激烈的市场冲击，商业银行必须丰富金融产品，才能够满足不同消费者需求，不断丰富金融产品，创新金融理财产品，建立完善的产品线。谁的产品够丰富，谁就抢占了市场。

三、提升创新能力，实施差异化经营策略

利率市场化减小存贷利差，使商业银行面临较大财务压力并加剧金融脱媒进程，使传统业务面临分流，在它的推动下，商业银行必须加快经营转型。但商业银行的经营转型不能模仿大银行的做法，不能

走全面化、综合化的道路，必须针对自身特点，以特色化、差异化为基本原则。

一是明确定位，重心下沉，做深做透，改变传统的小而全、全面出击的做法，在小微、"三农"、某些区域或行业形成比较优势和自身服务特色，实现差异化服务、差别化定价。

二是瞄准那些较少依赖渠道网络、资产规模，可以通过加大人才、科技等资源投入形成后发优势的中间业务，如投行业务、理财业务等，加大拓展力度，提升产品开发能力和服务水平，寻求新的利润增长点。

因此，不断加大科技资源投入，提升科技水平，并加大人才培养和引进力度，持续提升科技和人才对区域金融业发展的支撑，逐步创新商业模式。

四、明确战略定位，细分市场，建立完善的客户服务体系

消费者的金融需求越来越趋于多元化，这就要求商业银行必须能够提供综合化的金融服务，才能保有客户，提高客户的忠诚度。借鉴国内外各大银行的经验，对客户根据规模、业务量、信誉状况、个人喜好、年龄段等信息进行详细划分。通过对客户进行细分制定相应的服务计划和针对客户需求开发相应产品，才能留住客户，增加客户黏稠度和忠诚度。

第三节 研究结论

通过查阅中外文献、期刊和资料，在对中外关于商业模式及商业模式创新理论充分研究的基础上，以 EEDS 银行为案例研究的对象，通过对其企业价值链和商业模式的深入分析，得出以下结论：

（1）经营战略上，商业银行要从模仿复制的"跟随战略"转变为

自主创新战略，结合自身特点、客户需求和外部环境，自行研发金融产品。实行差异化经营，最终实现从"模仿秀"到独立创新的转变。

（2）市场定位上，商业银行应利用本身的信息优势、体制机制优势，重心下沉，做深做透，持续开展小微金融、小微信贷以及三农领域，在同质化的国内银行业中打响特色品牌并继续保持商业银行的特有优势。

（3）产品战略上，注重新金融业务的开发，推出多款周期性不同的理财产品，力求为目标客户提供全方位服务，同时要扩展新用户，扩大用户范围，提高服务质量的同时，创新区域金融业的产品业务。

（4）营销策略上，主动出击，使银行的每个员工都能做到业务有提升，质量有保证的状态，改变传统的被动式营销，扩大知名度和影响力，深入客户群体，狠抓存款，狠抓客户，做大资金盘。

本章通过对国内银行 EEDS 银行的商业模式创新方法的分析，基于价值链的视角深度探讨区域金融业价值链对商业模式创新影响机制，为商业银行的商业模式创新提出了一些可行性并且具有实质性作用的建议：扩展价值链，关注价值链上的每一个价值活动，培育和开发金融产品，明确战略定位，将目标市场细分，建立完善的客户服务体系，提升核心竞争力，改变传统营销模式，加大客户占有率，从而提升商业银行商业模式创新能力。

餐饮业商业模式创新案例分析

——以 XWY 餐饮为例

第三章探究了 EEDS 银行价值链与商业模式创新之间的理论关系，第四章的研究内容是在第三章基础上的一个延伸，主要从企业网络的视角研究餐饮业企业 XWY 餐饮商业模式创新路径的问题，本章在结构上具有层次递进的效果，企业网络是价值链横向的一个延伸，使读者能更加清晰的了解报告的研究结构和逻辑。企业网络发展的一个特点恰恰是企业的纵向非一体化，企业不再依靠其产权边界的扩张，而是依靠企业网络，利用伙伴企业的资源来扩展自己的能力。

本章基于服务创新、产业链整合，企业网络等相关理论，以 XWY 餐饮服务企业为例研究商业模式创新路径问题。研究发现了服务溯源化、服务产品化两条商业模式创新路径。其中，顾客价值导向、产品与服务的协同、知识资源的共享是驱动商业模式创新的三个关键因素。在此基础上，本章进一步构建了"服务创新—产业链整合—服务业企业商业模式创新"的理论模型，探索了商业模式创新的过程和路径，丰富了现有企业商业模式创新的相关理论和研究。

第一节　XWY餐饮案例描述

内蒙古XWY牧业科技股份有限公司成立于2001年，位于草原明珠包头市，是自治区及华北地区最具影响力的良种繁基地，集良种繁育、品种改良、肉羊遗传学研究为一体的科学生产基地。现有资产近20亿元，员工5 000余人，XWY牧业包括肉羊养殖、食品加工、餐饮连锁三大业务板块，XWY牧场分布在河套、敕勒川、锡林郭勒、呼伦贝尔、达茂旗等内蒙古自治区黄金牧场，XWY拥有种羊繁育中心、肉羊养殖中心、包头食品加工基地、土右旗冷链物流加工基地、临河食品加工基地、江苏无锡物流加工基地、餐饮连锁门店等经营实体。XWY是充分利用内蒙古畜牧业的资源优势，带动地区社会主义新农村建设的农业产业化国家重点龙头企业。企业依托内蒙古资源优势，致力于为消费者提供安全、健康的草原美食并始终重视服务及产品的创新。

一、服务标准化带动连锁经营阶段

2001年，XWY公司董事长带领他的团队用几百万元盘下了包头一家经营不善的饮食店，首家XWY火锅店在包头市昆都仑区市府西路开业。之后仅仅通过两年的发展，2003年XWY全国加盟（连锁）店突破200家，位列全国餐饮百强第四名。紧接着2004年XWY开始进军海外市场，在阿联酋（迪拜）店成功开业。在2005年，XWY公司已经成为中国餐饮百强企业的第三名。之所以取得如此快的增长，得益于其服务标准化带动的连锁经营，XWY公司董事长认为"一家成功的连锁企业最核心的东西，就是一定要实现产品的标准化、服务的标准化"。连锁企业要想稳步发展，一定要实行标准统一化，在"连"住"锁"住上下功夫，否则加盟店再多都不过是虚假繁荣。为了彻底实现标准统一化，XWY在内蒙古锡林浩特建立了全国最大的羊肉加工厂，为全国各地的加盟店和直营店配送符合标准的羔羊肉。为保证服务的标准化，XWY 成立了有自己的核心羊肉加工基地和配送中心。XWY 火锅产品从羊肉制品到火锅汤料，全部实现了大规模、流水线生产，把传统的需要在厨房处理的产品，全部集中到了 XWY 的加工厂。传统火锅需要厨师配锅，难以做到味道统一，但 XWY 火锅汤料进行流水线生产，一袋一锅，厨房工作人员只负责打开包装，倒入锅内加热即可。在底料配制上，XWY 摆脱了过去人工调配的传统，研制出了火锅底料浓缩液，各加盟店只需要在使用时按比例加入适量的水稀释就可以了，这不仅保证了产品的质量，解决了各店底料味道不统一的问题，也避免了人员流动过大而导致秘方外泄的风险。这样，任何人在全国各地吃到的 XWY 火锅，味道、品质都是一样的。

二、服务创新带动产业链整合阶段

围绕服务创新，XWY 将自己打造成为"全产业链大型综合食品企业"。XWY 先后在固阳县、土右旗等地建立起"XWY 肉养殖基地"，斥资 7 000 万元在青山区建设了占地 3.67 公顷的"XWY 加工物流基地"，在土右旗建设起国家级肉羊养殖示范园"万只肉羊高标准养殖园区"，2013 年 XWY 敕勒川羊养殖基地投入运营，标志着 XWY 建成了养殖规模达到 10 万只的"现代肉羊产业化循环经济科技园区"，这是国内最大的综合性肉羊养殖基地，形成了一条安全稳定的上游供应链。2011 年 11 月，XWY 餐饮连锁有限公司正式更名为内蒙古 XWY 牧业科技股份有限公司。业务分为畜牧养殖、食品加工、连锁餐饮三大块，下辖 XWY 食品公司、调味品公司、肉羊科技公司、餐饮公司、江苏牧业公司 5 大全资子公司，资产 30 亿元。从单靠餐饮打天下到畜牧养殖、食品加工、连锁餐饮三大业务齐头并进，2013 年 1 月，XWY 依托全产业链的优势，正式启动了速冻面食项目，让 XWY 产业链又向前进行了延伸。数月的筹备，结合市场的需求，XWY 终于在春季推出了馄饨、水饺等系列速冻食品。作为餐饮业的 XWY，特色是火锅，"火锅＝涮羊肉＋涮青菜"一直都是火锅的主要模式，为了打破人们的这种传统消费心理，更好地把内蒙古的草原文化融入饮食文化之中，XWY 开创了"火锅＋羊排"的全新模式，先后引进烤羊排、羊肉串、小点心等内蒙古传统特色食品。通过烤羊排不仅带动了火锅消费，也提升了火锅的档次，充分发挥了 XWY 的资源优势。至此，这也标志着 XWY 实现了由餐饮连锁向全产业链大型综合食品企业的模式创新。2013 年 9 月 6 日，内蒙古 XWY 牧业科技股份有限公司的"家庭牧场"正式上线。消费者可以通过登录家庭牧场的官方网站认购一只羔羊，由 XWY 在内蒙古大草原上代牧，对产品从养殖、加工、销售到餐桌进行全程追溯，等到羔羊长大之后，再由 XWY 进行屠宰、分割，最后通过冷链物流配送到家。将应用到家庭牧场中，实现了网上卖活羊的战略构想。

三、产业链下游延伸促进产品多元化阶段

在前期打造全产业链的战略转型思路指导下，XWY 继续向产业链下游延伸，实现服务产品多元化的战略，大胆创新商业模式。2013 年 7 月，XWY 在无锡投资上亿元成立了江苏牧业科技有限公司。其发展目标被锁定为："深耕下游，把羊身上的文章做透做足，使其附加值无限扩大，到 2016 年，将 XWY 真正打造成'中国第一羊'。"为了实现这一企业发展目标，XWY 与江南大学合作，通过产学研合作，把羊系列产品开发出来投放市场，不仅保证羊肉产品的高附加值生产，而且开发一系列与羊相关的保健产品、化妆品等产品，做透做足"羊文章"，让内蒙古的农畜产品真正物有所值。XWY 会立足内蒙古"羊"这一得天独厚的资源优势，借科技之手，挖掘羊身上的更多价值，从熟制品、化妆品、保健品三个方向入手，细分市场，扩大羊的附加值，力争让企业和牧民都受益。

第二节　XWY餐饮案例发现

一、服务溯源化商业模式创新路径

XWY成立之初，仅是其创办人承包的一间濒临破产的火锅店，然而其抓住了内蒙古地区消费者普遍喜欢羊肉火锅以及当时恰逢火锅餐饮业蓬勃发展的有利时机，短短几年间在全国开了200多家加盟连锁店。然而随着火锅行业的竞争日趋激烈，且餐饮企业通过服务竞争差异化而创造利润的空间越来越小，XWY创办人开始了商业模式创新的战略思考。在XWY企业调研的过程中，发现企业创办人的战略眼光及其领导力对企业商业模式创新起到了极大的推动作用。在创办人的战略思考下，企业提出了"打通产业链"的战略部署，决定以现有餐饮服务为基础，向产业链上游延伸，从羔羊的养殖开始，选用优质绵羊品种，从源头上保证了XWY火锅涮肉的品质。由此，XWY企业的商业模式实现了从餐饮业向畜牧养殖业的创新，即服务溯源化，如图4-1所示。在这一过程中，研究发现驱动其成功创新的因素主要有三个：其一是顾客价值导向，因为从餐饮业向畜牧养殖业的转变很大程度上是为了确保餐饮服务的食品安全，为顾客提供满意放心的产品。此外，XWY开发了四个业态品牌以更好地满足不同层次顾客的需要。其二，在商业模式过程中XWY极为重视新技术的开发和知识资源的共享。为了更好地提高羊肉品质，XWY研发了杜泊羊杂交育种技术，大大提高了羊肉的品质和口感，还借力"草场+牧户+公司+银行+政府"的羊联体模式，来探索托牧放养的养殖模式，在河套、敕勒川、锡林郭勒、呼伦贝尔、达茂旗等地建黄金牧场。其三，实现了产品与服务的协同。XWY紧紧围绕其所经营的羊肉火锅这一核心业务，在产品关联上下功夫，拓展羊养殖产业，实现餐饮服务与畜牧养殖产品的协同，为企业创造了差异化竞争的机会，赢得了市场竞争优势。

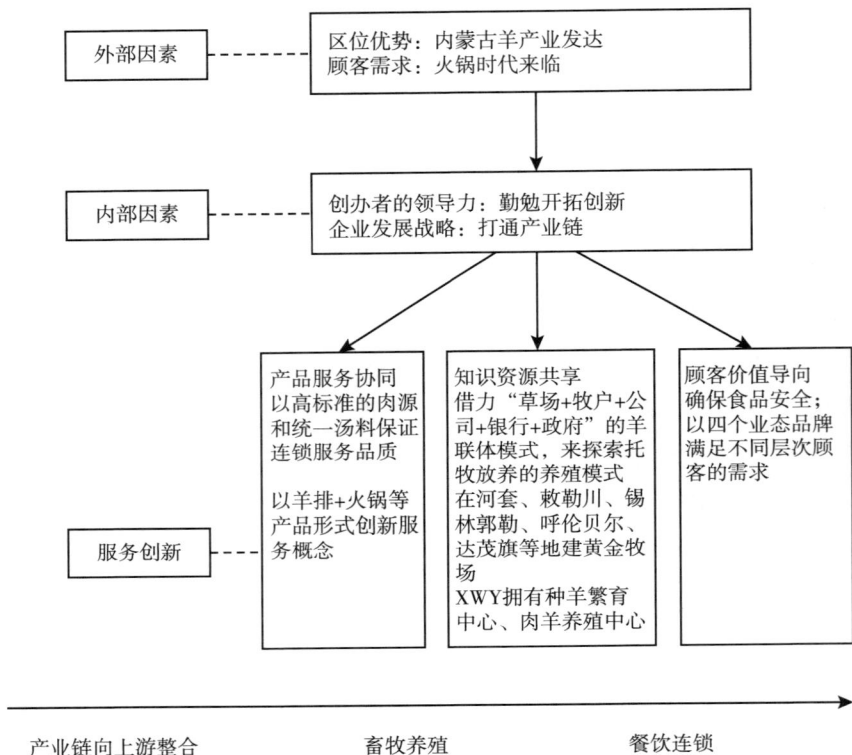

图 4 - 1 XWY 服务溯源化商业模式创新过程

资料来源：笔者绘制。

二、服务产品化商业模式创新路径

在第一阶段的商业模式创新成功后，XWY 继续在以羊为核心的产业链上进行整合。此时，恰逢金融危机给餐饮业带来了一定的冲击，此外，"毒羊肉"事件①屡次发生，更给火锅行业蒙上了一层阴

---

① 腾讯网. 毒羊肉遭 315 曝光，瘦肉精添加竟长达 10 年，过量食用可致死亡［EB/OL］.［2021 - 03 - 17］. https://new. qq. com/rain/a/20210317a0fgmg00.

影。然而，不论是金融危机还是"毒羊肉"事件，XWY 都没有受到丝毫的影响，反而为企业带来了更大的生机。原因在于 XWY 在第一阶段的商业模式创新中，将产业链上游整合进企业内部，XWY 所有店面所用的羊肉全部由自己经营的牧场供应，既避免了供应商在金融危机下调高价格，又确保了羊肉供应的品质。在经历这样的市场动荡后，XWY 更加确信商业模式创新的必要，于是进一步提出"深耕下游，打造全产业链"的战略思路，向产业链下游延伸，开发与羊相关的羊肉制品及其副产品，如图 4-2 所示。在这一创新过程中，研究发现企业仍然以上次商业模式创新的三个关键要素息息相关：首先以顾客价值为导向，推出了以"我的牧场你的羊"为主题的家庭

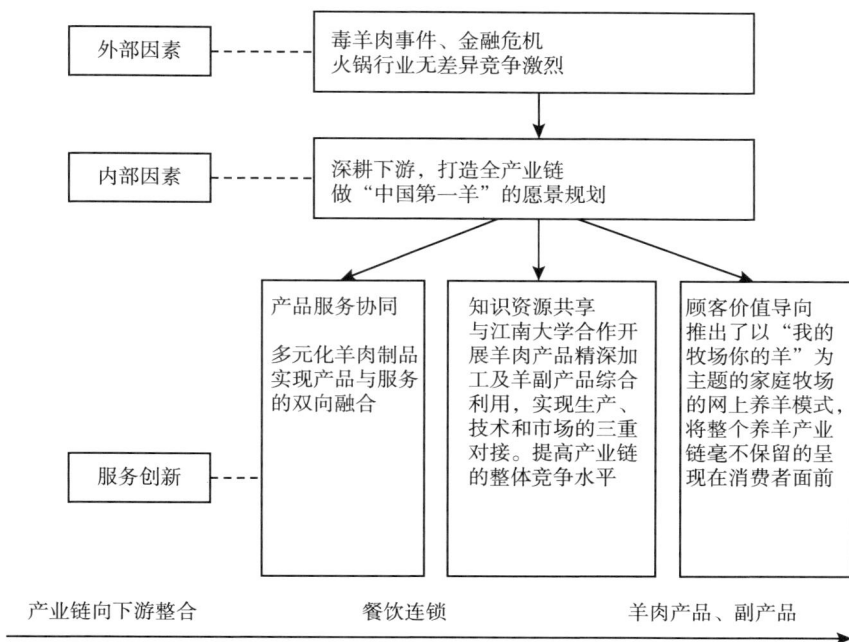

图 4-2 XWY 服务产品化商业模式创新过程

资料来源：笔者绘制。

牧场的网上养羊模式，将整个养羊产业链毫不保留地呈现在消费者面前，让顾客彻底吃上放心羊肉；其次，与江南大学合作开展羊肉产品精深加工及羊副产品综合利用，实现生产、技术和市场的三重对接，通过知识资源的共享提高产业链的整体竞争水平；最后，多元化羊肉制品实现产品与服务的双向融合，进一步实现产品与服务的协同。

三、基于企业网络的商业模式创新路径

夏洛特（Charlotta，2007）通过研究发现企业网络关系的管理模式可以对产品创新和服务创新产生关键性作用，在 XWY 进行服务创新带动产业链整合的过程中，通过与企业网络中不同的成员企业合作和交流才获得竞争优势，并依靠合作伙伴之间的网络关系来实现信息共享，其创新与发展需要持续不断地与外部资源相互融合，超越了企业的组织边界，使 XWY 企业的创新行为由企业的内部走向外部，进而形成自身的关系网络。基于这种网络关系的创新合作有利于创新企业个体之间高效率地实现知识的传播和扩散，随着企业之间合作的进一步加深，信任程度也进一步提升，从而驱动企业商业模式创新。

通过对一手资料的整理分析，我们发现，XWY 在商业模式创新的两条路径中，顾客价值导向、知识资源共享以及产品与服务协同这三个因素始终发挥了关键作用，如表 4 - 1 所示。

上述三因素促进商业模式创新的机理如下：

首先，顾客价值导向可以说是企业商业模式创新的最根本原因。在向产业链上游的服务溯源化商业模式创新过程中，XWY 要为顾客提供最安全的食品，因此向产业链上游不断延伸，直到建立羊肉制品加工基地以及羊养殖基地。在向产业链下游的服务产品化商业模式创新过程中，XWY 要为顾客提供多元化的产品，因此深耕细作产业链下游，

表 4-1　　　　　　　　商业模式创新关键要素资料梳理

创新阶段	典型证据援引	关键要素
服务溯源化	食品安全是顾客最基本的需要，因此 XWY 向上游拓展了羊养殖基地、羊肉制品加工基地，确保门店使用的羊肉均来自自家产业链	顾客价值导向
	为了更好地让顾客体验到定制化的个性服务，XWY 推出了以"我的牧场你的羊"为主题的家庭牧场的网上养羊模式，将整个养羊产业链毫不保留地呈现在消费者面前	
	XWY 研制出的标准化火锅底料解决了各加盟店底料味道不统一的问题	知识资源共享
	联合各方，借力"草场+牧户+公司+银行+政府"的羊联体模式，来探索托牧放养的养殖模式	
	一家成功的连锁企业最核心的东西，就是一定要实现产品的标准化、服务的标准化	产品服务协同
	为了彻底实现标准统一化，XWY 在内蒙古锡林浩特建立了全国最大的羊肉加工厂，为全国各地的加盟店和直营店配送符合标准的羔羊肉	
服务产品化	以四个业态品牌满足不同层次顾客的需求	顾客价值导向
	借科技之手，挖掘羊身上的更多价值，从熟制品、化妆品、保健品三个方向入手，满足顾客对多方面产品的需求	
	消费者可以通过登录家庭牧场的官方网站时时关注所订购的羊羔生长情况，实现了产品信息厂商与顾客对称化	知识资源共享
	与江南大学合作开展羊肉产品精深加工及羊副产品综合利用，实现生产、技术和市场的三重对接	
	XWY 继续向产业链下游延伸，实现服务产品多元化战略	产品服务协同
	多元化羊肉制品实现产品与服务的双向融合	

资料来源：笔者整理。

直至以"羊"为中心的多元化产品战略的实现，不仅提升了企业附加价值，而且形成了差异化竞争。总之，正是这一顾客价值导向驱使 XWY 分别向上、向下整合产业链，实现服务溯源化、服务产品化的商业模式创新路径。

其次，知识资源的共享是服务业企业实现商业模式创新的关键性特征。在商业模式创新过程中离不开服务创新，而获取新知识、利用新资源是创新的根本。如在 XWY 服务溯源化商业模式创新过程中，标准化火锅配方底料在各个加盟店的共享不仅解决了口味不统一的问题，更给加盟商带来了便利；此外，在探索新型养羊模式方面，整合包括牧民、银行、政府等多方资源，实现了多方共赢局面。在 XWY 服务产品化商业模式创新过程中，更是联合了江南大学等科研机构进行产品多元化的开发和利用，较好地做到了产学研一体化进而促进产品的创新。而上述种种的服务和产品的创新都离不开与利益相关方的知识资源的共享。

最后，产品与服务协同是服务业企业商业模式创新的依赖。XWY 的原有商业模式是只提供餐饮，进而将商业模式创新为一家包含羊肉制品加工、羊保健品开发的综合性企业，关键在于其注重并实现了产品与服务的协同。如向上游服务溯源化的商业模式创新路径过程中，通过餐饮服务与羊肉制品的协同实现了从餐饮服务业向食品加工业的创新路径，在向下游服务产品化的商业模式创新路径过程中，通过为顾客提供更多健康服务与多元化羊产品的协同实现了向保健产品制造商的创新路径。

XWY 的成长分为三个阶段，分别为：服务标准化带动连锁经营、服务创新带动产业链整合、产业链下游延伸促进产品多元化。由服务创新和产业链整合驱动 XWY 进行商业模式创新，服务创新和产业链整合是企业网络纵向和横向进行延伸的结果，向产业链上游延伸，实现了从餐饮业向畜牧养殖业的商业模式创新；向产业链下游延伸，开发与羊相关的羊肉制品及其副产品，将产业链上下游整合进企业内部，给企业带来资源整合和组织协调能力，企业的各种生产、研发和交易行为围绕企业网络展开，从而推动企业商业模式的创新。XWY在发展进程中，基于横向加纵向的企业网络进行了两次商业模式创新，两条商业模式创新路径分别为服务溯源化和服务产品化。

综合上述 XWY 产业链向上游整合的服务溯源化商业模式创新路径以及向下游整合的服务产品化商业模式创新路径，可以推导出服务业企业通过服务创新和产业链整合促进商业模式创新的过程模型，如图 4 - 3 所示。即基于企业建立的企业网络关系，从核心服务业务出发，向上游追溯服务创新的源头，同时向下游延伸产业链促进服务产品的多元化，从而实现服务企业的全产业链商业模式创新。

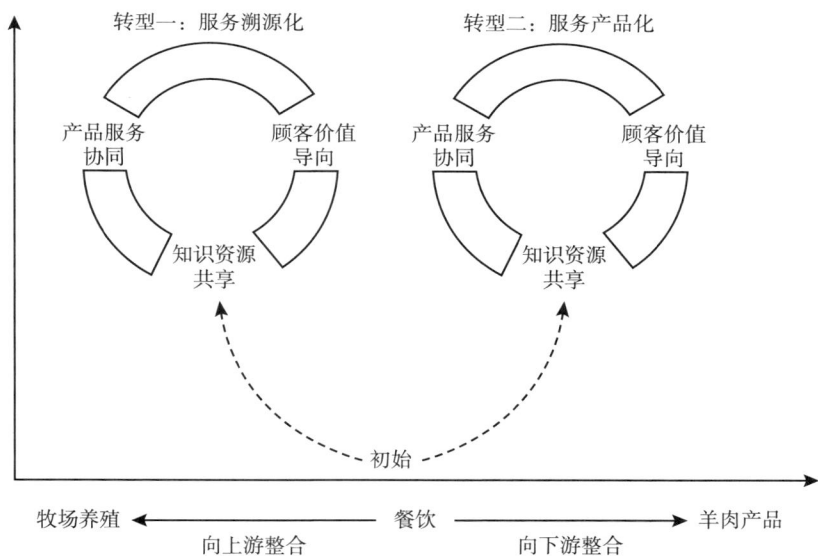

图 4 - 3　基于企业网络的服务业企业商业模式创新过程模型

资料来源：笔者绘制。

第三节　研究结论与理论贡献

一、研究结论

本章结合服务创新、产业链整合等相关理论，以 XWY 餐饮有限公司为例，对餐饮服务业企业的商业模式创新问题进行了案例分析。得出如下结论：

第一，服务溯源化与服务产品化是服务企业商业模式创新的两条成功路径。本书以 XWY 餐饮为例探索了服务业企业的商业模式创新路径和过程。通过研究发现，作为服务业企业的 XWY 一共进行了两次成功的商业模式创新：服务溯源化创新和服务产品化创新。这两次商业模式创新都是在服务创新与产业链整合的驱动下进行的。其中，服务溯源化的商业模式创新思路在于以服务创新为基础向产业链上游整合，拓展企业服务产品链，实现差异化竞争；服务产品化的商业模式创新思路在于以服务创新为基础向产业链下游延伸，通过为顾客提供更多围绕核心业务的产品从而增加企业附加值、提升顾客忠诚度。

第二，产品与服务的协同、知识资源的共享以及顾客价值导向是实现商业模式创新机制的三个关键因素。这三个不同要素相互作用，在 XWY 商业模式创新过程中发挥了重要作用。首先，顾客价值导向贯穿了服务企业商业模式创新的始终。无论是企业向上游的服务溯源化商业模式创新还是向下游的服务产品化商业模式创新，都是为了给顾客提供和创造更多的价值。其次，知识资源共享是企业商业模式创新的核心动力。在 XWY 进行服务创新和产业链整合的过程中，在产业链各环节之间的知识共享，不仅提高了服务传递的效率，而且也促使企业通过整合企业内外部的知识资源，更好地实现产业链各环节的更新和升级。例如，XWY 研发了杜泊羊杂交新育种技术，提高了羊肉质量进而促使企业向上游整合的过程中更具有市场竞争力。最后，产品与服务的协同是服务业企业商业模式创新的必要条件。服务业企业在为顾客提供服务的过程中，会同时提供产品和服务。当产品和服务都与企业的核心业务高度相关联时，可以认为二者是协同的。服务业企业向制造业商业模式创新的过程中，必然会提供与服务业高度相关的产品，产品和服务协同的程度越高，越能更好地提升企业的附加价值，同时也增强了顾客对企业的认知，提升顾客忠诚度。

第三，服务创新与产业链整合是企业网络纵向＋横向的联系。在 XWY 成长的两个阶段，都是基于服务创新进行的商业模式改变。第一阶段，XWY 的服务创新带动连锁经营，商业模式为从单店经营到连锁经营的服务业；第二阶段，XWY 的服务创新带动产业链整合，商业模式为从靠餐饮打天下到畜牧养殖、食品加工、连锁餐饮三大业务齐头并进的服务业，整合上下游产业链。从服务创新到产业链整合，是 XWY 通过纵横交加的企业网络，实现资源和技术的充分协调，在 XWY 进行服务创新和产业链整合的过程中，在产业链各环节之间的知识共享，不仅提高了服务传递的效率，而且也促使企业通过整合企业内外部的知识资源，更好地实现产业链各环节的更新和升级。企业网络和商业模式在更高的维度和视角上实现统一，信息流、知识流和产业链可以充分协调与整合，提升服务业企业的成长和商业模式的升级。

二、理论贡献

本书的理论价值主要体现在以下三个方面：

第一，识别了服务业企业商业模式创新的驱动要素。本章的案例研究，从企业网络即纵向的服务创新和横向的产业链整合视角，发现驱动服务业企业商业模式创新的关键要素包括：顾客价值导向、产品与服务的协同、知识资源的共享。以往的关于企业的商业模式创新研究多是将企业转型作为研究背景，而将对企业创新过程进行研究的文献尚不多见。本书探索性的以案例企业为研究对象，分析了其两次商业模式创新的过程，并在其中识别出驱动商业模式创新的关键性因素，有一定的理论创新性。

第二，本章结合服务创新、产业链整合等相关理论，构建了"服务创新—产业链整合—企业商业模式创新"的过程模型，进一步明确了服务业企业的商业模式创新路径。在理论上解释制造与服务的相互转换关系主要有服务主导逻辑和产品主导逻辑两种商业模式创新思路（Vargo & Lusch，2004），但并不意味着对于制造业和服务业的商业模式创新只能遵从其一，或产品或服务，因为制造业生产商业提供服务，而服务业供应商也制造产品，从产品制造商到服务提供商是一个连续体（Homburg & Bucerius，2005）。本章以 XWY 餐饮为典型案例进行分析，基于企业网络的视角构建了服务业企业实体化商业模式创新模型，并进一步展现了企业向产业链两端整合实现服务溯源化以及服务产品化的商业模式创新路径。

第三，进一步挖掘了服务创新与产业链整合之间的理论关系。服务创新与产业链整合是企业网络横向 + 纵向的一种联系形式，以往关于服务创新的研究多数与服务业相关，而产业链整合的研究多数围绕制造业展开，因此鲜有将二者相结合的研究。本章研究服务业企业商业模式创新路径问题，发现服务创新与产业链整合至少在三个方面有理论关联：首先，顾客价值导向是二者的共同驱动因素，无论是服务创新还是产业链整合都是围绕为顾客创造更多的价值而展开，因此顾客价值导向是二者的共同理论渊源；其次，知识共享是二者的共同形成机制，服务创新涉及新技术、新概念的开发，离不开知识在各服务部门的传递，产业链整合更离不开各个环节的知识整合；最后，产品与服务的协同是二者的实现机制。如前所述，对于产品和服务的研究不可能截然分开，服务创新离不开对产品的认识，而产业链创新更不能忽视服务链的衔接，由此知企业网络发挥着关键作用。因此产品与服务的协同是实现服务创新和产业链整合的必要条件。

三、实践意义

本章所研究的实践意义在于为企业，特别是服务业企业提供了一个可供参考的过程性模型，探索了服务业企业的商业模式创新路径，用于指导服务业企业进行商业模式创新。本章开发的过程模型识别了企业商业模式创新的关键驱动因素（顾客价值导向、产品与服务协同、知识资源共享），并进一步结合服务创新、产业链整合等理论，为服务企业如何通过服务创新、产业链整合从而实现成功商业模式创新提供了理论依据和参考。此外，在追踪企业成长的过程中，不同阶段内外部因素的分析，也将有助于企业在今后的实践过程中提供管理决策的理论依据。

本章从企业网络的视角对餐饮业企业 XWY 进行分析，发现 XWY 合理的利用地域资源优势，采取政府扶持、企业经营、带动农户的"公司＋基地＋农牧户"的现代化农牧业发展模式，充分发挥 XWY 公司育种、屠宰加工、终端餐饮全产业链的优势，实现舍饲养殖效益型发展之路，打有机牌、走绿色路，把达茂草原羊推向世界。

▶ 第五章 ◀

旅游业商业模式创新案例分析

——以 ZQL 旅行社为例

第三章探究了价值链与商业模式创新之间的理论关系，第四章的研究内容是在第三章基础上的一个延伸，主要从企业网络的视角研究餐饮业企业商业模式创新路径的问题，第五章主要从营销动态能力的视角，以 ZQL 旅行社为例，对旅游服务业企业的商业模式创新驱动问题进行了案例分析，构建了旅游业企业商业模式创新的驱动模型，探索了旅游业企业商业模式创新的两种路径：产品共享与顾客共享。本章在结构上具有层次递进的效果，使读者能更加清晰地了解报告的研究结构和逻辑。

第一节 ZQL 旅行社案例描述

ZQL 旅行社是国有企业，1980 年成立于北京市。40 多年来，ZQL 旅行社凭借改革开放和自身优势，积极进取，不断开拓，迅速发展起来，成为我国旅游行业的骨干企业。ZQL 旅行社是我国旅游行业首家 A 股上市公司，且自成立以来，在 "中国百强国际旅行社" 的排名中连年独占鳌头，在同行业影响力颇高。ZQL 旅行社主要经营外宾入华旅游、我国公民本国和出境旅行及多项相应配套业务等。ZQL

旅行社除了总部设在北京以外，还在广州、香港、江苏、浙江、新疆等多地设有子公司，并且还注册成立了苏州太湖旅游景区等一系列景点，以促进旅游行业的发展。通过网络资料搜集、实地采访以及文献资料的整理，发现 ZQL 旅行社的商业模式创新历程可以大致分为三个阶段。

一、传统旅游阶段

20 世纪 90 年代，尽管中国的旅游业起步不久，并处于计划经济特许经营的政策保护伞下，但基于改革开放的春风，ZQL 旅行社借助这股经济复苏的必然之势为自己创造出最好的商机，依托共青团背景的它借势迅速扩张业务、壮大团队，不断入境招徕、组团和接待境外旅游者，在中国的旅游企业当中发挥了极好的先锋模范作用。即便如此，ZQL 旅行社也表现出一些问题：

（1）旅游服务产品缺乏创新。创新观念淡薄，思想落后，革新水平低下，在服务创新方面没有形成自己的核心竞争优势，没有考虑消费者的需求特点和差异性，未能给游客提供独具特色的旅游定制服务，也不能充分地依据市场需要来设计好自己的旅游形象，因此销售的产品不具创新与特色，极其单一，比较落后。

（2）对顾客需求关注度太少。只是静静等候顾客上门被动的出售旅游产品，而不能主动地去关注游客和服务人员的需求，并为其量身定制满意的旅游服务。此外大部分的旅游景点仅仅提供观光服务，没有形成度假、商务和疗养综合一体的旅游服务系统。而且游客在景区逗留时间不长，记忆不深，未能很好地突出售前服务，同时也没有形成很好的售后服务。

（3）旅游营销渠道和方式单一。ZQL 旅行社以低端手工为主，严重缺少高新科技的运用。旅行社交还仅停留在电话上，没有利用日益普及的互联网作为营销手段和在线平台来加强与游客的社交和推广服务，因此顾客不能体验到优质的旅游在线服务。

（4）缺乏旅游核心价值观和企业文化。没有培育本企业的核心价值观，未能凝聚核心价值理念，服务水平低下，服务质量管控不严，因此导致旅游体验效果不佳。

二、产品组合定制阶段

围绕共享经济，ZQL旅行社在动态营销中开始立足做自己的旅游产品，不断加大创新力度，注入新思想，在共享经济的视角下全力打造独属ZQL旅行社的品牌特色产品，创新旅游服务，不断推进旅游业模式创新，更好地应对顾客的个性需求和差异化特点。首先创新旅游产品必须要有自己稳定的客源。"旅行社最重要的就是要有稳定的客源，否则只能是死路一条。"这是ZQL旅行社高管对旅游业行业的切身理解。2009年以来，ZQL旅行社在产品研发管理、供应链管理和顾客关系管理的驱动下，通过与多家地域性的旅行社合作，设计专属自己的行程与卖点，国外以越南、泰国、柬埔寨等东南亚国家为例，国内以内蒙古、新疆和西藏等地为例，以超低价格的专线在旅游市场中独领风骚，让游客更好地体验优质价廉的旅游服务。2011年，ZQL旅行社仅利用短短两年时间与携程、途牛和同程网等大型旅游平台企业加强合作，设计出专属不同消费群体旅游产品，为亲子团、老年团、学生团等不同类型的消费群体在节假日、工作期以及其他假期设计出别具匠心的旅游产品，让他们能够更好地适时适地适龄地享受到独特的旅游服务体验，这标志着ZQL旅行社在产品设计创新方面实现了新的突破。随着大数据和云计算的不断深入发展，在线旅游型的企业模式持续创新。2014年6月，ZQL旅行社通过互联网精准建立游客信息库，挖掘数据，分析规律，详细全面地了解每一位游客的出行信息和游览偏好，充分考虑游客不同的个性化服务需求，为其实时推送网络电子旅游路线，并迅速联系同行业合作的旅游企业，为其就近安排食、住、行、购、娱等方面内容。此外，"逢年过节或者生日聚会，我们都会精心为顾客准备一份精美的礼品，促进旅行社和顾客之间的感情，维持更加长久的友谊"。这是刘佳优于其他企业高管之处。

三、承接服务延伸阶段

在共享经济视角下，经过产品研发管理、供应链管理和顾客关系管理驱动下的产品组合定制阶段后，ZQL 旅行社继续依靠供应链管理、顾客关系管理和信息管理来驱动旅游服务的延伸，通过实现跨部门合作，更好地忠于顾客，创新服务，实现旅游业商业模式创新。企业一定要始终保持以顾客价值为服务导向的核心理念，商业模式才可能创新成功，这是刘佳作为企业高管一直秉承的信念和理念。2015年 12 月，ZQL 旅行社与国内知名影楼合作，以国际品尚米兰婚纱摄影、色色婚纱摄影、天长地久影楼为例。让爱好拍摄的顾客还可以享受到户外旅游的服务体验，尤其是对于新婚佳人，完美地实现了以廉价的方式在新婚前在旅游胜地拍浪漫婚纱照的心愿以及蜜月期共享二人世界甜蜜之旅的憧憬，更加聚焦其"为顾客提供最便捷和最优质的服务"的发展目标，精准地从供给侧实现了碎片化的闲散资源和顾客真正需求前后无缝的完美对接，从真正意义上实现了顾客资源的再匹配与共享，更好地推进旅游业的商业模式创新。为了更好地实现企业的发展目标，2016 年，ZQL 旅行社从供给侧和共享经济视角为游客再次延伸服务需求，精准配置，通过顾客的信息流通大力对线下一系列有效资源高效整合，陆续完成了和美容院、汽车 4S 店、大型综合商场及超市的强力合作。通过在享受完相应场所的服务后人流高峰期时段，以免费抽奖的和项目合作的方式让爱旅游的顾客以低于其他旅行社的价格享受到高端的旅游服务体验，不仅大量节省了顾客的宝贵时间并降低了旅游费用，也为企业提供了最精准的客户需求，力争让企业和游客都能受益。

第二节　ZQL旅行社案例发现

一、旅游产品共享模式创新路径

　　ZQL旅行社成立之初，赶上改革开放的好时机，一时间蓬勃发展，迅速崛起。然而好景不长，在传统阶段暴露出产品缺乏创新、顾客需求关注度少、营销模式单一以及缺乏核心价值观等一系列重要问题，使得ZQL旅行社的市场竞争性愈来愈弱。为了企业的宏观发展和长远打算，ZQL旅行社决定转变企业经营发展模式，实现旅游业商业模式创新。此时恰逢旅游业进入新的竞争时代，也借着共享经济的东风，ZQL旅行社开始转型升级。企业围绕共享经济，充分考虑顾客的差异化需求，加强同行业供应合作，不断创新产品，挖掘个性化的服务价值和新功能，实现商业模式转型升级，致力于促进商业模式创新，即旅游业产品共享，如图5-1所示。

　　研究发现，在这一过程中，驱动其商业模式成功转型的因素主要有三个：一是产品研发管理流程，因为企业要想实现转型升级，需要设计出独具特色的旅游产品，才能为顾客提供新的价值与功能，ZQL旅行社的低价专线旅游线路很好地满足了顾客要求优质价廉旅游服务的需求。二是供应链管理流程，原因在于共享视角下要想实现ZQL旅行社的商业模式创新，必须要与其他公司实行旅游产品互相供应共享，才能在经营模式上为顾客创造出更多便捷的产品、行程与服务。企业通过同行业合作，供给旅游专线和就近安排食、住、行、购、娱等系列内容，很好地为顾客创造便捷服务。三是顾客关系管理流程，企业紧紧围绕顾客价值导向为服务宗旨，适时适地适龄为不同的消费者提供不同的旅游产品，通过大数据分析精准地为每一位游客供给适合的旅游服务。这样才能赢得顾客的喜爱与信赖，才会真正创新旅游业商业模式。

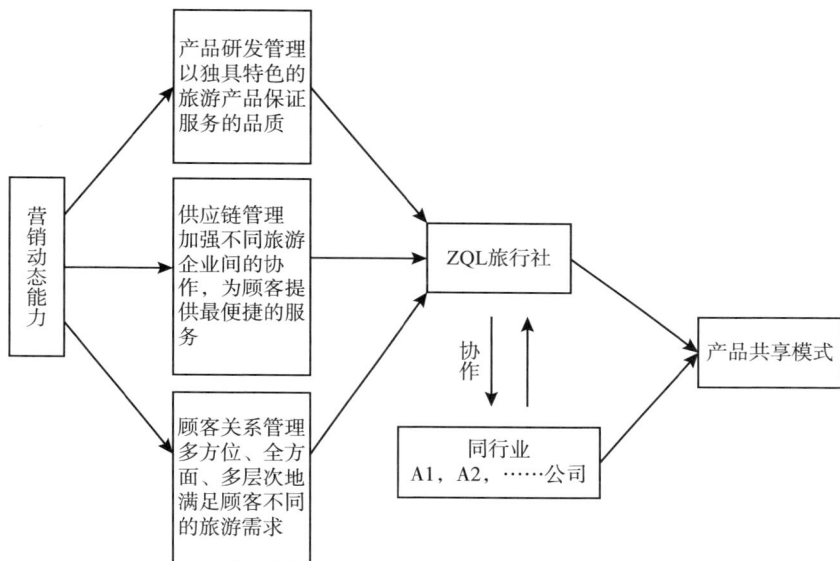

图 5 - 1　旅游业企业产品共享模式

资料来源：笔者绘制。

二、旅游顾客共享模式创新路径

在经过旅游产品共享阶段后，ZQL 旅行社继续在共享经济视角下实施新的商业模式，致力于旅游业模式创新。此时，旅游业的一些负面新闻给旅游业带来了一定的冲击，某些大型旅游平台全年收到上千条的投诉意见，黑导游和殴打游客事件屡次发生，这为旅游行业蒙上了一层阴影。然而 ZQL 旅行社并未被这些负面事件所影响，反而焕发出更大的生机。因为 ZQL 旅行社在共享经济视角下始终以顾客服务价值为核心，遵循顾客至上的宗旨，将顾客的满意度作为一切工作的出发点和落脚点。为此，企业继续打造共享的商业模式，将顾客资源融入共享当中，通过和跨行业企业项目合作，延伸旅游服务，致力于为顾客供给最便捷和最优质的服务，即旅游顾客共享模式，如图 5-2 所示。

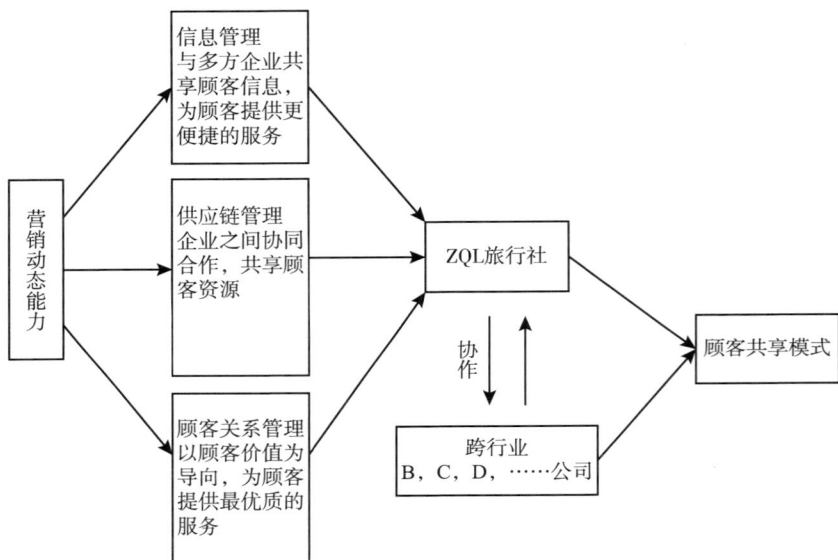

图5-2　旅游业企业顾客共享模式

资料来源：笔者绘制。

　　研究发现，在这一过程中，驱动其商业模式成功转型的因素主要有三个：一是供应链管理流程，可想而知，如果 ZQL 旅行社不能够和影楼、美容院、汽车 4S 店及大型综合商场超市共享顾客，就很难承接旅游服务的延伸。二是顾客关系管理流程，公司必须要一直以顾客价值为导向，通过抽奖和项目合作方式共享顾客资源，不仅让顾客完成了自己的事情，同时也能廉价省时地体验想要的旅游服务，实现时间、空间和出行的共享对接。三是信息管理流程，共享顾客的前提是信息的迅速流动和通畅，ZQL 旅行社通过和跨行业伙伴共享顾客信息，能够完美地承接顾客，对接闲散资源，最大化地为顾客带来便捷的旅游服务。

三、基于营销动态能力驱动的商业模式创新路径

经过对一手资料的分析，能够发现，在 ZQL 旅行社的两种商业模式创新路径中，产品研发管理流程、供应链管理流程、顾客关系管理流程和信息管理流程这四个要素发挥了关键性作用，如表 5－1 所示。

表 5－1　　　　　　　企业商业模式关键要素资料梳理

商业模式	典型证据援引	关键要素
旅游产品共享模式	ZQL 旅行社设计独具特色的旅游产品，同行业共享低价专线旅游线路，满足游客的个性化特点和差异化需求	产品研发管理流程
	为亲子团、老年团、学生团等不同类型的消费群体在节假日、工作期以及其他假期设计出别具匠心的旅游产品	
	ZQL 旅行社通过与同行业合作，适时适地适龄为其就近安排食、住、行、购、娱等方面内容，为游客带来了更多的便捷	供应链管理流程
	利用大数据分析技术精准地统计了顾客信息和偏好，为顾客适时推送喜爱的电子旅游路线	
	ZQL 旅行社逢年过节和生日会都会为顾客送上一份精美的礼物，以顾客为出发点，增进与顾客的感情	顾客关系管理流程
	一家成功的旅游企业一定要以顾客价值为导向，没有稳定的客源只能是死路一条	
旅游顾客共享模式	ZQL 旅行社与影楼合作，在顾客拍完照片以后可以很好地承接旅游服务，为顾客节省宝贵时间	供应链管理流程
	ZQL 旅行社与其他跨行业伙伴合作，实现了空间、时间及出行的共享，完美对接顾客资源	
	游客能够利用共享顾客这一优势，享受到更加便捷地服务	顾客关系管理流程
	ZQL 旅行社一定要始终保持以顾客价值为服务导向的核心理念，经营的商业模式才可能成功	
	不同行业之间的共享顾客，信息的快速流通是关键	信息管理流程
	ZQL 旅行社在共享经济视角下，精准配置，通过顾客信息流通大力对线下一系列的有效资源高效整合	

资料来源：笔者整理。

上述四要素促进 ZQL 旅行社商业模式创新机理如下：

在旅游产品共享模式中，营销动态能力依靠产品研发管理流程、供应链管理流程和顾客关系管理流程三要素实现旅游业的商业模式创新。首先，产品研发管理流程是企业商业模式创新的基础。在追求服务品质的今天，顾客的个性化特点和差异化需求必须依靠特色品牌的旅游产品才能满足，低价的线路和不同群体的旅游产品，能够最有效地满足游客的需要。其次，供应链管理流程是企业商业模式创新成功的关键性特征。通过同行业企业合作，对其他旅游公司供应的旅游产品实现共享，为顾客创造更加便捷优质的旅游服务。最后，顾客关系管理流程是企业商业模式创新成功的最根本原因。在共享旅游产品的过程中，企业转型的动因是从始至终把顾客的需求作为出发点和立足点，针对亲子团、老年团、学生团等不同类型的消费群体在不同节假日设计出不同的旅游产品，正是这一顾客价值导向驱使 ZQL 旅行社在共享经济的视角下实现了商业模式的创新。

在顾客共享模式中，营销动态能力依靠供应链管理流程、顾客关系管理流程和信息管理流程三要素实现旅游业的商业模式创新。首先，供应链管理流程是企业商业模式创新成功的关键性特征。ZQL 旅行社通过和影楼、美容院、汽车 4S 店及大型综合商场超市共享顾客资源，充分发挥共享模式，彼此互相供应，最大化地为顾客提供一站式的服务，更好地实现商业模式创新。其次，顾客关系管理流程是企业商业模式创新成功的最根本原因。通过共享顾客资源，不仅顾客顺利完成好自己的事情，同时也形成时间、空间和出行的共享，顺利实现了碎片化资源和顾客有效需求的无缝完美对接。最后，信息管理流程是企业商业模式创新成功的保障。在共享顾客资源的过程中，跨行业的共享顾客信息，完美承接顾客，更好地为顾客节省时间提供服务，最大化地通过信息管理的流通实现商业模式创新。

综上所述，通过产品研发管理流程、供应链管理流程、顾客关系管理流程及信息管理流程四种驱动要素，营销动态能力在旅游业的商业模式中创新出旅游产品共享和旅游顾客共享两种商业模式创新路径，如图 5 – 3 所示。即在共享经济的视角下，以营销动态能力为驱动要素，ZQL 旅行社先后和同行业者合作及跨行业者服务延伸，成功实现了共享经济下的两种商业模式创新路径：产品共享和顾客共享。

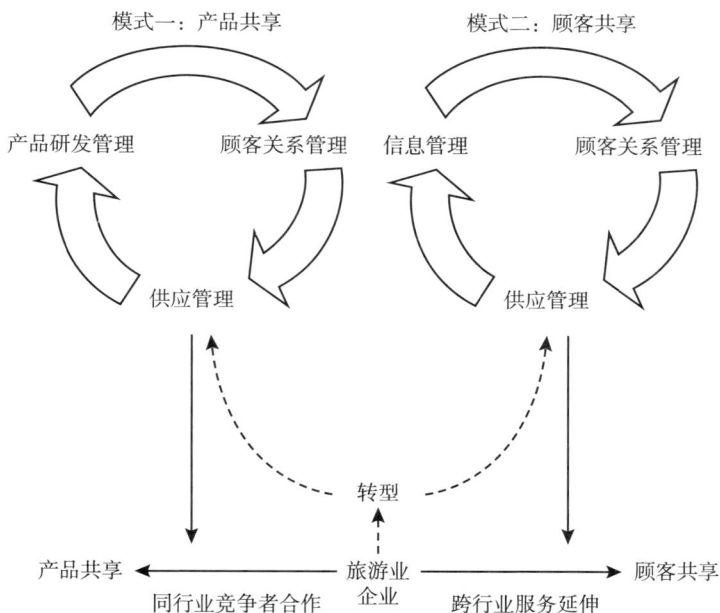

图 5 – 3 共享经济视角下旅游业企业商业模式创新过程模型

资料来源：笔者绘制。

第三节 研究结论与理论贡献

一、研究结论

本章结合共享经济、营销动态能力等相关理论，以 ZQL 旅行社为例，对旅游服务业企业的商业模式创新驱动问题进行了案例分析。

得出如下结论：

第一，旅游业商业模式创新路径有两种形式：产品共享与顾客共享。本章以 ZQL 旅行社为对象，探索了旅游服务业企业的商业模式创新过程。研究发现，作为旅游服务业企业的 ZQL 旅行社进行了两种商业模式创新的尝试——产品共享模式以及顾客共享模式，其中产品共享模式的创新思路在于整合行业竞争者的互补性资源，通过共享不同企业的旅游服务产品，最大化地满足顾客的差异化需求，在这一过程中避免了商业平台模式带来的旅游风险，使得顾客价值被更安全的满足；顾客共享模式的创新思路在于通过与跨行业企业的客户资源共享，将旅游业务作为跨行业企业的延伸服务进行嫁接，从而扩展现有旅游业务增加顾客的满意度。

第二，营销动态能力是旅游业企业商业模式创新的重要驱动力量。根据方和周（Fang & Zou，2009）对于营销动态能力的定义，营销动态能力是企业在响应市场快速变化时为创造和传递顾客价值的跨部门商业流程的反应性和效率，具体表现为产品研发管理、供应链管理、顾客关系管理以及信息管理等流程的效率。本章通过对 ZQL 旅行社的案例研究发现，在旅游业企业进行产品共享模式创新过程中，产品研发管理、供应链管理、顾客关系管理发挥了重要作用，其作用机理如下：产品研发管理流程帮助企业识别顾客需要，供应链管理流程帮助企业联合竞争者企业提供差异化旅游产品，顾客关系管理流程帮助企业充分与顾客沟通确保服务质量。而在旅游业企业进行顾客共享模式创新过程中，信息管理流程、供应链管理流程、顾客关系管理流程发挥了重要作用：信息管理流程帮助企业共享跨行业企业资源，供应链管理流程帮助企业协调不同业务间的配搭和嫁接，顾客关系管理流程帮助企业更好地通过延伸服务提升顾客满意度。总之，表现为产品研发管理、供应链管理、顾客关系管理以及信息管理等流程效率的营销动态能力是驱动旅游业企业商业模式创新的关键要素。

二、理论贡献

本书的理论贡献主要体现在以下几个方面：

第一，以 ZQL 旅行社为研究对象，探索了旅游业企业商业模式创新的两种路径：产品共享与顾客共享。产品共享模式是旅游业企业通过与行业竞争者共享产品资源，从而实现对顾客旅游需求的定制化服务，进而提升顾客满意度增加业务量；顾客共享模式是旅游业企业通过与跨行业的客户资源共享，通过跨行业企业的业务延伸实现旅游业的业务增值，从而提升顾客价值。在此基础上，本章进一步从营销动态能力角度识别出驱动这两种共享模式的关键要素：产品研发管理流程、供应链管理流程、顾客关系管理流程、信息管理流程。产品研发管理帮助企业识别顾客需求、对差异化顾客需求进行产品组合定制；供应链管理帮助企业整合行业资源，提供差异化的服务产品及产品组合；顾客关系管理帮助企业与顾客充分沟通确保服务质量，信息管理帮助企业共享跨行业客户资源，提供以旅游为核心的跨行业延伸服务。

第二，从共享经济视角，结合营销动态能力理论构建了旅游业企业商业模式创新的驱动模型。进一步厘清了共享经济与商业模式创新之间的理论关联。以往的研究多是将共享经济看成是商业模式创新的一种形式，尽管共享经济的发展与商业模式创新的发展阶段不谋而合，共享经济从某种意义上确实为商业模式创新提供了思路，然而共享经济与商业模式属于不同学术范畴，二者虽然相关，但却不是从属概念，商业模式不能包括共享经济。本章从共享经济的视角研究商业模式创新，提出企业如何从共享经济的思路出发创新商业模式，进一步厘清了二者的理论关系。研究表明，旅游企业可以通过不同利益主体间产品和资源的共享，从而实现商业模式的创新。共享经济为商业模式创新提供了思路，二者的联系在于对不同利益主体之间价值主张的协调，区别在于共享经济更注重闲置资源的处理，而商业模式创新在于扩展现有商业模式的发展瓶颈。

第三，拓展了营销动态能力理论的适用性和相关理论研究。营销动态能力理论自 2009 年提出以来被方和周看作是对动态能力理论的拓展，是战略管理与营销研究相结合的产物。该理论概念一直被用来解释制造业企业的战略管理问题，本书将其用于服务业企业的商业模式创新研究当中，将营销动态能力概念由跨部门的流程效率拓展为跨企业（行业）的资源管理效率，拓展了营销动态能力理论的理论适用性。

第六章

平台型企业商业模式创新案例分析

——以 SN 电器为例

　　本章是基于第三章、第四章、第五章，从企业网络与营销动态能力相匹配的视角研究平台企业 SN 电器的商业模式创新机制问题。具体表现为在第一阶段，供应链协同网络与供应链管理流程通过选择性匹配，促进价值链界面模式创新；在第二阶段，特许经营连锁与顾客关系管理流程通过交互性匹配，促进顾客价值主张创新；在第三阶段，企业集团与信息管理流程通过系统性匹配，促进平台化盈利模式创新。

　　本章基于企业网络理论和动态能力理论，从企业网络与动态营销能力匹配的角度，对 SN 集团股份有限公司 1990～2018 年商业模式创新的过程进行了纵向案例分析。通过案例研究，得出如下结论：企业在发展的每个阶段都有不同形式的企业网络，企业在每个阶段的营销动态能力也有很大不同。企业网络和营销动态能力对商业模式创新有着很大的影响。在企业早期（1990～1995 年）供应链协同网络和以供应链管理流程为主导的营销动态能力通过选择性匹配，促进企业价值链界面模式创新。在企业中期（1995～2010 年）特许经营连锁形态的企业网络通过交互性匹配，与以顾客关系管理流程为主导的营销动态能力一起构成了顾客价值导向创新的基础。在企业发展的中后期阶段（2010～2018 年），企业集团形式的企业网络和以信息管理流程为主导的营销动态能力为企业面对市场改革提供了动力和条件，从而促进以平台化盈利模式创新的商业模式创新的产生。

随着经济全球化和商业经济的深入发展，企业所面对的市场竞争环境更加动荡，商业模式创新成为企业构建核心竞争力的根本（陈广仁、唐华军，2018）。爱迪生（Edison，2012）认为商业模式创新是一种源于顾客需要的新理念，商业模式创新的意义不在于创造新技术或新产品，而在于创造新价值。阿斯帕拉（Aspara，2010）认为商业模式创新包括重塑现有市场结构、实现顾客价值新增长、开发新渠道以及商业规则的创新。国内学者江积海（2014）进一步认为价值创造模式已经不再是从供应商到企业再到顾客的线性过程，而是建立在多个伙伴构建的价值网络中多种交易关系和活动体系的复杂交互过程，因此，基于价值共创的价值网络促进了企业商业模式创新（杜兰英等，2014）。在企业发展的历程当中，不同的阶段，营销动态能力和企业网络如何对商业模式创新产生影响也不甚清楚，营销动态能力和企业网络作为企业的内部能力与外部资源在企业商业模式创新过程中是否存在某种匹配机制，它们如何相互作用对商业模式创新产生影响等问题亟待研究。对企业网络和营销动态能力的匹配研究对于探索商业模式创新的成功途径具有指导意义。

第一节　SN 电 器 案 例 描 述

一、价值链界面创新阶段

1990 年，SN 电器在南京创立，成立初期是空调专营店，随后开始组建售后服务中心，树立专业的售后服务品牌。1992 年，南京高温持续时间较短，导致空调销量大幅降低，在秋冬空调厂家开展的次年订货会上，大多经销商对空调的订购不甚热情，SN 电器却反其道而行，和春兰空调的厂商签下 4 800 万元的订购合同，同时向春兰、华宝和广东三洋分别注入 1 亿元、2 亿元和 5 000 万元的资金用以生产。1993 年的空调销售旺季在夏季到来，SN 电器不仅拥有充足的空调货源，同时由于其在淡季对厂商的支持，得到了价格上的极大优惠，而 SN 电器将这其中的一部分让利给消费者，使得空调的市场价格下跌，无论从货源还是价格上，其他经销商均无法与 SN 电器抗衡。1993 年，SN 电器经历了联合舰队的围剿，SN 电器在这场空调大战中凭借淡季时大批吃进的低价空调及买断经营的方式从容应对，在"空调大战"中一举成名，演绎了引人深思的"SN 现象"。SN 电器 1994 年销售 5.6 亿元，成为全国空调销量第一的品牌，已经完成了原始资本的积累。

在该阶段，SN 电器主要是通过价格竞争成长起来的，即是"不断奉行低价策略并且保持可持续发展的利润"，SN 电器通过整合价值链，与上游厂商协同竞争，规模经营降低产品的价格。同时主张集约品牌，错位经营，培养品牌和竞争对手，促进行业的健康和可持续发展。

二、客户价值主张创新阶段

20 世纪 90 年代中期到后期，市场的供求关系减少，卖方市场已逐渐转变为买方市场。SN 电器已经意识到占据终端的重要性，从而揭开了连锁经营的序幕，1996 年建立当时全国最大的空调专营商场。1997 年 2 月，SN 电器投资 3 000 万元在南京江东门建立了第一代物流配送中心。1998 年，SN 电器在业内首推网点概念，在南京设置了10 个售后网点，第一次完成总营业额中由批发为主向以零售为主的质的转变，建立了完善的售后服务管理系统。1999 年 10 月，SN 电器投资 3 000 万元实施企业资源计划系统（ERP）项目。同年 12 月，SN 电器大厦建成。SN 电器从传统家电扩展成全方位综合用途电器的家电。2000 年，SN 电器 ERP 系统全面推出，并创建了 SN 电器的"IT 神经系统"。与此同时，SN 电器进行第二创业战略，全面推进全国电器连锁业的发展。SN 电器的连锁不同于自营连锁模式，主要采用了特许加盟的方式，公司只输出品牌，无须注入资金，SN 电器的建店模式主要思路是统一品牌、资源和管理，不统一利益主体，第一阶段以速度为主，第二阶段以管理质量为主，第三阶段则是抓整个网络的升级，使加盟店全面升级为综合电器店，提高加盟店的实力。SN 电器的这种建店模式和思路使得利益主体较为分散，不仅可以降低风险，还可以有效地整合社会网络资源。SN 电器基于这种思想的指导，先后在北京、广州、上海等一线城市设立了 10 多家子公司，建立遍布全国 24 个省市、1 500 多家紧密型分销客户网络，几十家自营商场和一批又一批的特许连锁商场悄然出现。

在这一阶段，SN 电器由空调专营转变为综合电器经营，通过特别的连锁经营的方式把公司开到了全国各地。1999 年 SN 电器分别与位于广东和沈阳的 SY 空调公司共同投资组建了江苏 SY 空调销售公司，此时，SN 电器的影响和声誉开始渗透到华北地区。2001 年，SN 电器紧接着又与美国飞鸽国际以及中国香港力胜国际共同组建了飞歌空调（南京）实业公司，显然，这些举动表明 SN 电器已经开始将资本渗透制造行业。随后，SN 电器与多家厂商合作，与其成为利益共同体，做到产品包销，达到可以直接从生产线进货的能力。2009 年 6 月 24 日，SN 电器正式进入日本乐购仕的电器连锁企业，并成为中国第一家收购日本上市公司的企业。2009 年 12 月 30 日，SN 电器正式宣布收购激光设备，并进入香港的连锁企业发展。SN 电器一直勇往直前，不断扩大经营规模，加快开设国际连锁的步伐。在 2001 ~ 2008 年间，SN 电器持续提高整个企业网络，建立客户服务中心和四大终端服务体系 "1 + 3 模式" 的 3C 和 3C + 旗舰店，于 2004 年在深圳证券交易所正式上市，成为首家公开募股（IPO）的家电连锁。SN 电器成立了南京呼叫中心平台，专门用于与客户的沟通。2009 年 11 月 18 日，家电零售行业首个 SAPCRM 系统在 SN 电器成功上线，标志着中国家电零售行业真正进入了以顾客为中心的销售模式时代。

三、平台化盈利模式创新阶段

进入 21 世纪，移动互联网的时代逐渐到来。传统的电子商务业务流程，一方面可以通过替代实际的物流，减少物质资源，但随着电子流的出现和快速发展的数字化，传统电子商务成本显著。另一方面，传统电子商务也显露了它在时间和空间上的局限性，但电子流恰好可以弥补传统电子商务的不足，随时随地可以做交易活动，效率大大提高。2009 年，SN 电器建立了自己的网上商店，形成以自主采购、独立销售、共享物流服务为特点的运营机制，以商品销售和为消费者服务为主，在与实体店的协同方面，它被定位为辅助实体店的虚拟平台，主要为消费者提供产品资讯，服务状态查询互动，同时反馈消费者的喜好等信息作为供应商设计产品的参考，不仅可以提升整个供应链的柔性生产能力，还可以提高 SN 电器的大规模定制能力。

然而，在电商企业迅速发展的同时，给中国的零售行业实体店造成了程度不同的破坏力，对中国零售行业造成的影响不可预估。"全球零售行业在互联网时代已经发生了深刻的变化，中国的零售行业正处于历史上的一个关键阶段。"中国零售行业的成本增长与消费的增幅相抵消，网购渠道大量的分流线下，造成物流配送低效发展，给实体零售带来巨大冲击，效益大面积下滑，但接踵而至的是电商企业普遍亏损，线上线下数以千万家商家在夹缝中生存。

2013 年 2 月，零售巨头 SN 电器正式发布了云计算的商业模式。云计算的商业模式是"电子商务 + 实体店 + 零售服务提供商"，自此，SN 网上商店成为云计算商业模式的一部分。随后为了 SN 云商模式的发展需要，SN 又采取了一系列扩大规模的措施，收购 pptv、在硅谷设立研究院、申请民营银行、收购红孩子等。SN 电器建立了 5 个管理总部和 3 个业务总部，形成了 3 大业务集团，28 个业务部门，以及 60 个主要地区的一个新的组织结构，组织结构整体从原来的矩阵转化为企业集团组织。2015 年 8 月，SN 电器与另一电商巨头

ALBB 形成合作伙伴关系，并一致认为未来商业形态会发展成线上线下相结合的形式。

在这一阶段，SN 电器开始进军电子商务，并且在中国零售业被电商冲击的情形下毅然选择大刀阔斧的改革，创新性地提出了"云业务"的模式，并且在此期间为"云商"模式的顺利实行做出了大量的准备工作，在之后一个时期，SN 电器大力改变，不仅对整体组织结构进行了调整，还加快了全国的物流网络的基础建设，这段时间 SN 电器经历了转型的阵痛，加上零售行业所受的冲击，出现了利润大幅下跌和亏损的现象，然而到现在为止，SN 电器的转型进行得很顺利，转型之后的优势也日益凸显出来。

第二节　SN 电器案例发现

报告从第三章到第六章一共进行了四个案例的研究，也由企业网络或营销动态能力单个维度促进商业模式创新逐渐演化为企业网络与营销动态能力相匹配来促进企业商业模式创新。第三章银行业商业模式创新案例分析——以 EEDS 银行为例，聚焦于通过价值链网络四种不同形式的重构和延伸促进企业商业模式创新，即价值链整合型模式创新、价值链聚焦型模式创新、价值链创新型模式创新和混合型模式创新。第四章餐饮业商业模式创新案例分析——以 XWY 餐饮为例，聚焦于价值链网络对服务业企业商业模式创新的影响研究，并主要阐述了顾客价值导向、产品与服务的协同、知识资源的共享等驱动服务业企业商业模式创新路径的关键因素。总之，第三章餐饮业商业模式创新案例研究和第四章银行业商业模式创新案例分析聚焦于网络价值链单个维度层面对商业模式创新的影响研究。第五章旅游业商业模式创新案例分析——以 ZQL 旅行社为例，聚焦于营销动态能力单维度层面对商业模式创新的影响，详细阐述了营销动态能力三个维度即产品研发管理流程、顾客关系管理流程和供应链管理流程驱动旅游业企业商业模式创新的两种具体模式：产品共享模式与顾客共享模式。本章平台型企业商业模式创新案例研究——以 SN 电器为例，聚焦于企业网络与营销动态能力相互匹配对商业模式创新产生的影响，详细阐述了企业网络与营销动态能力在不同的演化阶段，通过不同形式的匹配模式，来促进企业商业模式创新的持续演进。具体表现为供应链协同网络与供应链管理流程通过选择性匹配，促进价值链界面模式创新；特许经营连锁与顾客关系管理流程通过交互性匹配，促进顾客价值主张创新；企业集团与信息管理流程通过系统性匹配，促进平台化盈利模式创新。因此，企业网络与营销动态能力相匹配对商业模式创新机制的过程具体如下：

一、基于协同网络的商业模式创新路径

SN 电器积极参与建设行业环境，与上游供应商协同竞争，集约品牌，错位经营。上游供应商、互补者的商业模式可以使企业从企业网络中获得经验、互补资产等不同资源，在价值链界面，企业与供应链的上下游企业结成联盟，整合整体的竞争能力和资源，实现共赢。供应链协同网络与供应链管理流程通过选择性匹配，促进价值链界面模式创新。此阶段 SN 电器通过以供应链管理流程为主导的营销动态能力，来整合整个供应链网络，进行供应链协同，以使各方资源达到较高的效用，进而整合价值链，从而形成企业价值链阶段的协同网络商业模式创新路径。

二、基于营销动态能力的商业模式创新路径

此时，SN 电器在上下游供应链已经稳定，企业处在迅速发展的阶段，规模大大扩张，通过前期的基础建设给连锁创造了条件，并且随着时间的推移连锁了全国甚至收购了日本的上市企业。在这一点上，价值链界面模式的创新已经不能满足企业发展的需要，营销动态

能力是能够及时、有效地协调和配置企业自身所有的各种资源，并通过不同的跨部门商业流程识别企业内外部资源并予以有效匹配，达到满足顾客需求、提升企业竞争力的能力。此阶段 SN 电器特许经营连锁与顾客关系管理流程通过交互性匹配，促进顾客价值主张创新。此阶段连锁经营拓展了市场，增加了与客户的接触面积，以顾客关系管理流程为主导的营销动态能力为企业面对动态的市场变化做出反应提供了指导，一起构成了顾客价值导向创新的基础，从而形成顾客价值主张阶段的营销动态能力商业模式创新路径。

三、企业网络与营销动态能力相匹配的商业模式创新路径

SN 电器是当前我国最早使用 ERP 系统的企业，到目前为止，该系统已经成熟，SN 网络商城的出现表明了 SN 电器现阶段开始把营销动态能力的重心放在信息管理流程上。在这个阶段，微博以及微信、Web 技术等在近几年的发展中有着很强的影响力，同时 SN 电器经过长久的发展，在客户资源上比较丰富，但是要想把这种优势充分利用，就必须通过数据挖掘技术来进行精准营销。由此可见，SN 电器开始了以平台化盈利模式创新为主的商业模式创新。企业集团与信息管理流程通过系统性匹配，促进平台化盈利模式创新。此阶段营销动态能力与企业网络匹配相当复杂，是一个多层次多维度的匹配机制，以信息管理流程为主导的营销动态能力形成了平台化盈利模式创新的血液和神经系统，开展了平台化的盈利模式创新的客户关系管理、物流信息管理、产品设计研发管理等内容，而企业集团网络则组成了平台化盈利模式创新的骨骼，撑起了 SN 电器的整个组织架构，二者匹配为平台化盈利模式创新形成了基础和重要因素，为企业面对市场改革提供了动力和条件，从而形成平台化盈利阶段的企业网络与营销动态能力商业模式创新的产生路径。

在 SN 电器的发展中，其企业网络、营销动态能力以及商业模式创新都在进行着演化，并在不同的时期有着相当鲜明的特点。根据现

有理论和前面的案例发现，我们对 SN 电器的商业模式创新过程进行了总结，得到企业网络与营销动态能力相匹配的商业模式创新模型如图 6 - 1 所示。

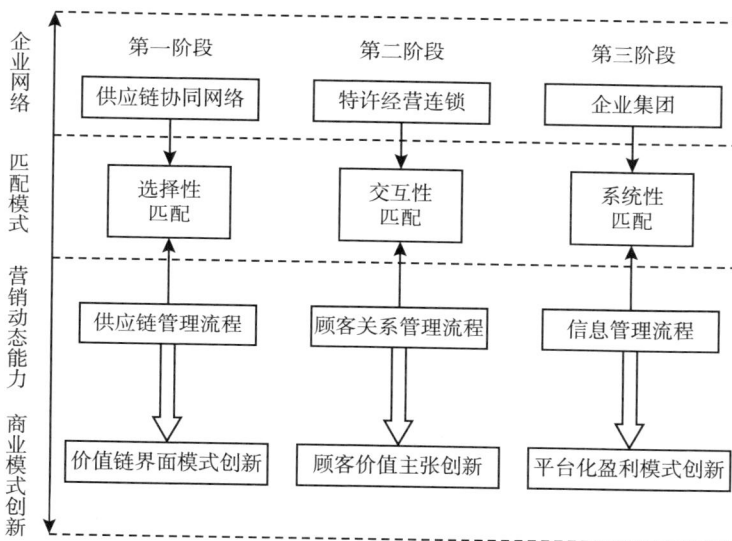

图 6 - 1　企业网络与营销动态能力相匹配的商业模式创新模型
资料来源：笔者绘制。

　　第一阶段商业模式创新过程为价值链阶段创新，创新路径是价值链界面模式创新。此阶段，SN 电器主要是通过价格竞争成长提升竞争优势，即"不断奉行低价策略并且保持可持续发展的利润"，SN 电器将价值链进行整合，与上游厂商协同竞争，建立价值链协同网络。此时 SN 电器处于供应链协同网络，其主导的营销动态能力也是以供应链管理流程为主，SN 电器通过以供应链管理流程为主导的营销动态能力，来整合整个供应链，进行供应链协同，以使各方资源达到较高的效用，企业网络的供应链协同网络和营销动态能力的供应链管理流程进行选择性匹配，这是资源和能力的初步匹配，促进了 SN 电器价值链界面模式的创新。

第二阶段商业模式创新过程为客户价值主张创新，创新路径是顾客价值主张创新。此阶段，SN 电器由空调专营转变为综合电器经营，通过特别的连锁经营的方式把公司开到了全国各地，SN 电器一直勇往直前，不断扩大经营规模，加快开设国际连锁的步伐。与上下游企业建立良好的长期合作伙伴关系，提高整个企业网络的服务效率，并成立了南京呼叫中心平台，专门用于与客户的沟通，首个 SAPCRM 系统在 SN 电器成功上线，标志着中国家电零售行业真正进入了以顾客为中心的销售模式时代，SN 电器建立了一个完善的顾客关系管理流程。企业网络的特许经营连锁和营销动态能力的顾客关系管理流程进行交互性匹配，这是资源和能力的进一步匹配，促进了 SN 电器顾客价值主张模式的创新。

第三阶段商业模式创新过程为平台盈利化模式创新，创新路径是平台化盈利模式创新。此阶段的营销动态能力与企业网络匹配相当复杂，是一个多层次、多维度的匹配机制，以信息管理流程为主导的营销动态能力形成了平台化盈利模式创新的血液和神经系统，开展了平台化的盈利模式创新的客户关系管理、物流信息管理、产品设计研发管理等内容，而企业集团网络则组成了平台化盈利模式创新的骨骼，撑起了 SN 电器的整个组织架构。这两个方面的配合是平台化盈利模式创新形成的基础和重要因素。企业网络的企业集团和营销动态能力的信息管理流程进行系统性匹配，这是资源和能力的最终匹配，为企业面对市场改革提供了动力和条件，促进了 SN 电器平台盈利化模式的创新。

整体来讲，SN 电器在其商业模式创新过程中充分利用了企业内外部的资源与能力，在企业网络方面，SN 电器首先建立了自己的供应链协同网络，进一步打造经营连锁模式的企业网络，然后成立了 SN 企业集团。在营销动态能力方面，SN 电器先是建立供应链管理流程，再建立顾客关系管理流程，然后建立完善的信息管理流程。三个阶段 SN 电器将资源与能力分别进行了选择性匹配、交互性匹配和系统性匹配，形成了三种不同的商业模式创新路径，提高了 SN 电器的竞争力。

第三节　研究结论

本章通过整合企业网络理论、营销动态能力理论、配对理论以及商业模式创新理论，并遵循情况—过程—结果的逻辑框架，系统地分析和总结了以商业模式创新为基础的企业网络和营销动态能力匹配。研究发现：第一，在企业的发展过程中，企业网络是在不断演化的，相应地在企业发展的不同时期，其营销动态能力的侧重点也不同，企业网络和营销动态能力的变化对于商业模式的创新有着很强的促进作用。第二，在企业发展的初始阶段，企业的资源主要集中在上游和下游的供应链，而企业的营销动态能力以供应链管理流程为主导，这种动态能力体现在供应链的资源整合，这种企业网络和营销动态能力的匹配，催发了新的商业模式的产生，也就是价值链界面模式创新，这种商业模式创新的出现是比较符合企业的境况的。企业发展到一定程度之后，企业网络在水平方向上更宽的扩展，这个阶段的企业网络在供应链方向已经成熟，供应链已经建设培养完善，从而加快了扩张，企业网络的重心由供应链转为连锁模式。营销动态能力的综合资源也会改变，并成为引领客户关系管理流程的能力。目前，作为一个重大的突破点，客户价值和客户价值主张是这一阶段的创新商业模式。如今，互联网的发展催生了很多新的东西，因此，一些传统的行业会因为某种新事物的出现发展遭受打击，市场形势瞬息万变，繁杂的信息通过互联网产生交互混合发酵，为了应对这种情况要找到对应的创新商业模式，根据本章案例企业的情况，企业集团的企业网络和以信息管理流程为主导的营销动态能力，加快了平台化盈利模式创新的出现。本章的研究结果对企业网络理论、营销动态能力和商业模式的创新理论做出了理论贡献。

本章拓宽了学习和研究企业网络和营销能力的边界。现有文献主要讨论企业网络创新的商业模式和营销能力的创新机制，这些研究大多只从一个角度解释了商业模式创新的出现。本章讨论的企业网络和营销动态能力对商业模式的创新是不同阶段的企业网络和营销动态能力匹配后的联合作用，并探讨企业网络的形式和不同时期的营销动态能力的方向，并且把这种联系和商业模式创新对应起来，发现其内在的联系，从而为深化商业模式创新研究提供新的方向。

随着市场的变化，一些经营不善的企业正在寻求变革以期改变亏损的局面，这些企业一方面积累了必要的知识基础，另一方面基于中国的市场环境，未能找到适合自己的商业模式创新，它们面临着改革的困境：怎样调整企业网络？怎样培育营销动态能力？应该关注营销动态能力的哪一方面？怎样把企业网络和营销动态能力联系起来？如何通过这种联系去寻找适合自身条件以及外部条件的商业模式创新？本章以 SN 电器为例说明了基于企业网络和营销动态能力的商业模式创新的演变，该研究结论对企业在改革时期具有一定的指导意义。

▶ 第七章 ◀

理论模型构建、研究设计
与数据准备

本章为理论模型的构建并通过后续实证数据检验，都是以案例研究为理论基础。因此，本章将以案例研究成果作为理论基础，进一步围绕研究主题"企业网络与营销动态能力相匹配的商业模式创新研究"进行后续理论模型的相关构建以及实证检验。

第一节 企业网络、营销动态能力
与商业模式创新理论模型构建

企业网络作为企业的一种网络资源，其网络形式及其网络结构可以对企业的商业价值创造产生影响进而影响商业模式创新。营销动态能力作为一种特殊的营销能力，更多的是在产品研发流程、供应链流程、顾客关系流程三大流程驱动因素的作用下，通过企业各种资源的重组和配置迅速地推动企业快速满足顾客的有效需求，而创造出一种新的商业模式价值。作为动态能力在营销范畴的特有形式，营销动态能力本质上就是依据商业环境的复杂动态性对企业市场资源进行重置与分配（Fang & Zou，2009），从而高效实现不同部门之间的快速流程反应来更好地为顾客创造和传递价值（Yogesh，2000），这种能力不但可以在适应瞬息万变的外部市场环境下依然维持自身竞争优势，并且可以为企业带来一定的商业利润，并成为对一系列利益相关者网络发生积极作用的关键基础（李文，2013）。资源能力理论认为能够充分将资源与能力匹配程度发挥到最优化的企业会比竞争对手保持更强的竞争优势，更容易成功实现商业模式创新。因此，企业如何应对变化的市场环境并取得成功，关键在于企业资源和能力的优化配置。

回顾相关文献可以发现，以往学者们就网络、能力和企业创新绩效三者理论关系进行了相关探究，认为网络关系是企业提升国际化绩效的基础，并且动态能力在企业家关系网络对国际化绩效影响的过程中起到了中介作用，即一定程度上表明网络通过能力来影响企业绩效（王增涛等，2016）。基于社会网络理论和动态能力理论，又有学者通过172家样本企业，实证明确了创业网络可以通过动态能力促进企业成长（陈寒松、陈金香，2016），并且进一步认为企业能够通过网络嵌入提升组织动态能力，进而促进企业在动态环境中更好地提升竞争优势（张秀娥等，2012）。有学者进一步研究了网络关系和网络结构两个维度的嵌入，并指出其能够通过动态能力的驱动，很好地对物流服务企业的创新绩效产生积极作用（田雪等，2015）。而且网络规模、网络中心性的网络结构特征通过动态能力影响企业创新微观机制（辛晴和杨惠馨，2012）。综上所述，国内外学者对网络资源通过动态能力来驱动企业创新绩效做了相关研究。

随着营销领域的飞速发展，动态能力在营销领域中的研究前景不断得到拓展，且企业网络在营销动态能力中的应用研究并不是非常明确，基于此，本章以企业网络、动态能力、营销动态能力与商业模式创新等相关理论为基础，并从企业网络的前置视角，构建了企业网络—营销动态能力—商业模式创新的理论模型，试图解释企业网络通过营销动态能力对商业模式创新的促进作用，如图7-1所示。

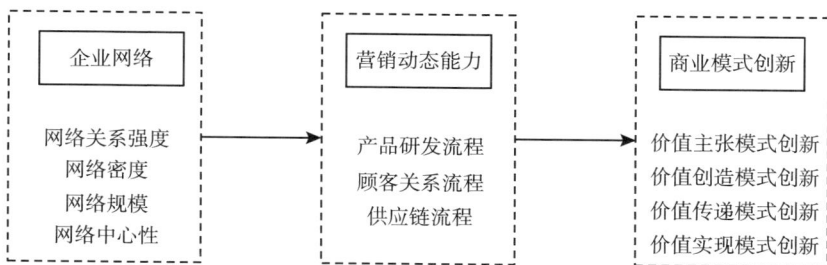

图 7 - 1　企业网络与营销动态能力对商业模式创新影响匹配理论框架模型

资料来源：笔者整理。

第 二 节　变 量 间 关 系 与 研 究 假 设

一、企业网络与营销动态能力之间关系的假设

企业网络是企业与其相关利益者网络之间形成的长期竞合的关系（Ahuja，2000），涉及供应商、经销商、顾客以及竞争对手等一系列可能产生竞争与合作的动态网络伙伴，而这种长期持续竞合的关系为网络合作伙伴后期从中获取所需的组织资源奠定了重要的前提，也成为企业有效鉴别市场化资源的关键基础。而营销动态能力，属于一种动态能力，是在动态营销环境下应运而生的理论，是描述企业在如何应对复杂多变的市场营销环境中实现自身跨部门的商业流程的反应和效率，进而快速满足客户有效需求的组织能力。基于动态能力的视角，相关学者对其与企业网络之间的关系进行了大量探究。高志军等（2014）在对企业成长理论的分析过程中，经过实证检验发现，网络的嵌入对动态能力具有积极的正向影响。蔡莉等（2009）通过对 175 个新创样本企业调研得出，创新网络关系强度能够对动态能力以及组织学习动态能力产生直接的积极影响。学者董保宝（2010）经过对中国 1 200 家高科技新型企业和传统企业进行问卷调查得出结论，企

业网络结构中的网络强度、网络密度及网络中心度均对企业在市场环境中的动态能力产生积极正向影响作用。而且，在交易成本理论视角下，李金凯等（2015）更进一步发现，无论是网络关系维度还是结构维度，小微企业的网络嵌入对其动态能力均存在着正相关关系，并能够从网络关系强度、网络密度和网络中心性等方面为企业的网络合作伙伴带来较强的信任与可靠性，使能力在动态中得到提升。综上可以认为，企业网络的关系维度与结构维度对动态能力具有积极影响。

营销动态能力是动态能力的类型之一，虽然形式上与动态能力不同，但是属性上与动态能力相似，都是为了满足客户有效需求和创造顾客价值，在应对外部动态市场环境中，对市场资源进行重置和分配，进而提升企业竞争能力。而且营销动态能力的核心是关注顾客价值，企业的不同跨部门商业流程是为顾客创造价值，其动态性主要是反映了跨部门流程的反应性和效率，是反映顾客价值的跨部门商业流程，并且通常将营销动态能力划分为产品研发流程、顾客关系流程和供应链流程（Fang & Zou，2009）。于是学者在营销领域围绕企业网络与动态能力的关系展开研究，杜健等（2018）通过实证研究了企业网络与市场营销中动态能力之间的关系，并通过构建二者的理论关联细致阐述了网络资源是如何影响企业动态能力的。杨宜苗等（2017）认为社会关系网络通过影响动态的营销水平能够助推零售业健康发展，即社会关系网络有利于促进营销动态能力。此外，李文（2013）进一步构建了企业网络和营销动态能力之间的理论模型，并指出企业网络中的网络关系属性和网络结构属性可以成为企业获取资源的最直接途径和来源，可以通过对市场知识的管理进而识别有效网络资源来培育和构建企业的营销动态能力。综上所述，在营销领域企业网络的网络关系维度和网络结构维度会对动态能力产生积极的正向作用。

面对日益变化的消费环境和市场竞争性的不断加剧，营销动态能力只有从网络关系中持续获取各种有效资源，才能更好更快地满足顾客的个性化消费需求，提升企业竞争力。此外，企业网络具有高度的发展动态性（Chung & Bea mish，2012），在动态进程中更加容易被营销领域能力的各种流程和惯例所识别而驱动其促进企业创新发展。基于以上学者的相关理论研究，本书认为企业网络对营销动态能力具有积极的正向影响。即关系维度（网络关系强度）和结构维度（网络密度、网络规模、网络中心性）会对三大流程产生积极的正向影响。因此，提出如下假设：

H1a：网络关系强度对营销动态能力具有显著的正向影响。

H1a-1：网络关系强度对产品研发流程具有显著的正向影响。网络关系强度越大，越有助于管理产品研发流程。

H1a-2：网络关系强度对顾客关系流程具有显著的正向影响。网络关系强度越大，越有助于管理顾客关系流程。

H1a-3：网络关系强度对供应链流程具有显著的正向影响。网络关系强度越大，越有助于管理供应链流程。

H1b：网络密度对营销动态能力具有显著的正向影响。

H1b-1：网络密度对产品研发流程具有显著的正向影响。网络密度越稠密，越有助于管理产品研发流程。

H1b-2：网络密度对顾客关系流程具有显著的正向影响。网络密度越稠密，越有助于管理顾客关系流程。

H1b-3：网络密度对供应链流程具有显著的正向影响。网络密度越稠密，越有助于管理供应链流程。

H1c：网络规模对营销动态能力具有显著的正向影响。

H1c-1：网络规模对产品研发流程具有显著的正向影响。网络规模越庞大，越有助于管理产品研发流程。

H1c-2：网络规模对顾客关系流程具有显著的正向影响。网络规模越庞大，越有助于管理顾客关系流程。

H1c-3：网络规模对供应链流程具有显著的正向影响。网络规模越庞大，越有助于管理供应链流程。

H1d：网络中心性对营销动态能力具有显著的正向影响。

H1d-1：网络中心性对产品研发流程具有显著的正向影响。网络中心性越强，越有助于管理产品研发流程。

H1d-2：网络中心性对顾客关系流程具有显著的正向影响。网络中心性越强，越有助于管理顾客关系流程。

H1d-3：网络中心性对供应链流程具有显著的正向影响。网络中心性越强，越有助于管理供应链流程。

二、营销动态能力与商业模式创新之间关系的假设

商业模式创新是对商业模式内部构成要素调整变化或是对其商业模式本质进行颠覆性革新，同时也是组织内外部资源、能力等不同因素不断融为一体的特殊化动态化过程，通过持续对内外部资源与能力的重组与配置，进而构建自身核心竞争优势，实现企业的可持续化发展和不断创新（李剑玲、王卓，2012）。而营销动态能力，本身属于一种动态能力，是在动态多变的营销环境下应时而生的理论，是描述企业在如何应对复杂多变的市场营销环境中实现自身跨部门的商业流程的反应和效率进而快速满足客户有效需求的组织能力。从动态能力视角来看，有学者围绕其与商业模式创新之间关系进一步展开了探究，曾萍等（2016）通过构建动态能力与商业模式创新之间关系理论模型，认为政府可以依靠动态能力来促进企业创新商业模式，即动态能力对商业模式创新具有一定的推进作用。戴亦兰等（2018）通过对全国207家初创企业问卷调查数据分析得出结论，初创企业可以通过提升动态能力进行商业模式创新以提升企业的成长绩效。王静（2018）认为商业模式是为顾客创造有效价值在适应外界动态环境条件下，由一些关键流程（价值主张和价值网络）所构成的体系结构。而动态能力有利于企业更好适应外部多变环境，并影响商业模式创新的整个过程。陈莉平等（2018）进一步指出，动态能力对商业模式创新的四个构成维度产生正向影响，即动态能力通过驱动价值主张、价值

创造、价值传递和价值网络来创新商业模式，提升企业竞争优势。

营销动态能力作为动态能力在营销领域的特有形式，虽然形式上与动态能力不同，但是属性上与动态能力相似，都是为了满足客户有效需求和创造顾客价值，在应对外部动态市场环境中，对市场资源进行重置和分配，进而提升企业竞争能力。而且营销动态能力的核心是关注顾客价值，企业的不同跨部门商业流程是为顾客创造价值，其动态性主要是反映了跨部门流程的反应性和效率，是反映顾客价值的跨部门商业流程，并且通常将营销动态能力划分为产品研发流程，顾客关系流程和供应链流程（Fang & Zou，2009）。于是又有学者在营销领域围绕动态能力与商业模式创新的关系展开研究。从营销学的研究领域来看，商业模式是依靠主动导向型市场来驱动创新的，是现有市场营销构造的革新和经销渠道的创新，它认为企业能够主动明确客户价值主张，实现顾客价值增值，促进企业销售获利，推动模式创新（李剑玲、王卓，2012）。例如郭净（2013）指出企业营销动态能力的构成流程体现了资源配置的特点，能够帮助企业顺应变化莫测的市场消费环境，密切合作者关系和提升竞争能力。陈宁（2013）构建了营销动态能力与企业竞争绩效二者的理论关系模型，并运用来自制造行业样本对模型检验得出结论，营销动态能力是企业商业绩效提升的重要来源基础，有助于促进企业商业绩效，其中产品研发流程对企业绩效具有最显著的积极影响。在此基础上，李巍（2015）进一步认为当企业具备较高营销动态能力时企业能够充分协调和配置自身的营销资源，实现商业创新匹配均衡发展，进而协调企业创新驱动竞争优势，推动商业模式创新。并且李巍等（2017）更进一步通过实证研究得出结论，营销动态能力作为调节变量可以有效促进企业新颖性商业模式创新进而有效促进市场效能，并且对新颖性商业模式创新构建的交易网络及交易方式中的资源进行重构和改造。在学者李巍研究基础上，张洁梅等（2015）更进一步结合营销动态能力，通过案例研究发现，供应链流程和顾客关系流程对企业绩效具有一定的积极作用，能够影响企业创新绩效。综上所述，在营销领域，动态能力能够提升企业创新绩效，促进企业创新商业模式。

商业模式创新是企业竞争力的核心与根本，其动态的发展过程需要依靠动态能力来驱动，只有通过营销动态能力的驱动，才能更快更好地识别顾客有效需求，研发创新顾客产品，实现客户价值增值与企业盈利发展，进而促进商业模式不断创新改进。基于以上学者的相关理论研究，本书认为营销动态能力对商业模式创新具有积极的正向影响。即三大核心流程会对商业模式中价值主张、价值创造、价值传递和价值实现等模式创新产生积极的正向影响。因此，提出如下假设：

H2a：产品研发流程对商业模式创新具有积极的正向影响。

H2a－1：产品研发流程对价值主张模式创新具有显著的积极影响。

H2a－2：产品研发流程对价值创造模式创新具有显著的积极影响。

H2a－3：产品研发流程对价值传递模式具有显著的积极影响。

H2a－4：产品研发流程对价值实现模式具有显著的积极影响。

H2b：顾客关系流程对商业模式创新具有积极的正向影响。

H2b－1：顾客关系流程对价值主张模式创新具有显著的积极影响。

H2b－2：顾客关系流程对价值创造模式创新具有显著的积极影响。

H2b－3：顾客关系流程对价值传递模式具有显著的积极影响。

H2b－4：顾客关系流程对价值实现模式具有显著的积极影响。

H2c：供应链流程对商业模式创新具有积极的正向影响。

H2c－1：供应链流程对价值主张模式创新具有显著的积极影响。

H2c－2：供应链流程对价值创造模式创新具有显著的积极影响。

H2c－3：供应链流程对价值传递模式具有显著的积极影响。

H2c－4：供应链流程对价值实现模式具有显著的积极影响。

第三节　实证模型量化数据准备

一、问卷设计及测量标准

本书一共涉及 3 个主要变量，分别是企业网络、营销动态能力以及商业模式创新。有关问卷的整体结构，主要是参考国内外相关权威学者已经开发的非常成熟的量表，并针对本书的研究对其做了调整，以使问卷得以成型，最终问卷由以下四部分组成：（1）企业网络：包括网络关系强度、网络密度、网络规模及网络中心性四个测量维度，依次对应包含 3 个题项、4 个题项、3 个题项和 4 个题项。（2）营销动态能力：包括产品研发流程、顾客关系流程和供应链流程三个测量维度，每个维度均包含 6 个题项。（3）商业模式创新：包括价值主张模式创新、价值创造模式创新、价值传递模式创新和价值实现模式创新四个测量维度，依次对应包含 4 个题项、5 个题项、4 个题项和 2 个题项。（4）企业基本信息情况概述：包含企业性质、成立年限、规模、企业的网络核心作用，问卷填写人所在岗位和工作年限等。问卷中所有包含的题项信息，除了企业基本情况信息以外，其他一律使用李克特五级别量表法，并依据问卷人对问卷题项的亲身感受对每个题项同意的级别做出实际判断（1 表示"完全不同意"，5 表示"完全同意"）。下面分别介绍变量的测量量表、测量题项以及参考的成熟量表等。

（1）企业网络的测量。主要借鉴和参考格兰诺维特（Granovetter，1973）和马斯登等（Marsden et al.，1984）的研究，确定了网络关系强度的 3 个测量问项；参考伍兹（Woods et al.，2000）和科尔曼（Coleman，1998）的研究成果，确定了测量网络密度的 4 个测量问项；依据拉森等（Larsen et al.，1998）的研究成果，确定了网络规模的 3

个测量问项；根据伍兹（Woods，1997）、鲍威尔（Powell，1996）、贝尔等（Bell et al.，2005）以及王晓娟（2007）的研究成果，以4个测量问项来测量网络中心性，具体如表7-1所示。

表7-1 企业网络各维度测量量表

变量	测量题项	参考文献
网络关系强度	1. 企业通常与客户、经销商交流市场信息 2. 企业通常与供应链成员交流市场信息 3. 企业与同行业竞争者之间存在广泛的联系与交流	格兰诺维特（Granovetter，1973） 马斯登等（Marsden et al.，1984）
网络密度	1. 企业在行业中具有较好的企业形象 2. 企业和合作伙伴相互信任、长期协作 3. 企业在与合作商合作时注重互利互惠 4. 当出现新业务时，首先考虑现有合作伙伴	伍兹等（Woods et al.，2000） 科尔曼（Coleman，1998）
网络规模	1. 企业与不同供应商、消费者合作 2. 企业与不同供应商经常合作 3. 企业与同行其他竞争者经常合作	拉森等（Larsen et al.，1998）
网络中心性	1. 有许多同行业竞争者希望与我们建立合作关系 2. 企业同合作伙伴较多进行直接联系较少进行间接联系 3. 我们为客户、代理商等伙伴间的联系进行牵线 4. 业务中遇到问题时，合作伙伴首先可能会选择寻求我们的帮助	伍兹（Woods，1997） 鲍威尔等（Powell，1996） 贝尔等（Bell et al.，2005） 王晓娟（2007）

（2）营销动态能力的测量。主要借鉴和参考法伊等（Fay et al.，1999）、邹绍明等（2009）以及拉玛斯瓦米等（Ramaswami et al.，2009）的研究成果，确定了产品研发流程的6个测量问项；参考米恩等（Mien et al.，2007）、邹绍明等（2009）的研究成果，确定了测量顾客关系流程的6个测量问项，参考曼弗雷德克拉夫等（Manfred，2004）、拉玛斯瓦米等（Ramaswami et al.，2009）的研究成果，确定了供应链的6个测量问项，如表7-2所示。

表7-2　　　　　　　　　　营销动态能力各维度测量量表

变量	测量题项	参考文献
产品研发流程	1. 企业新产品的设计需要顾客参与 2. 企业比较关注客户对新产品的最初反应 3. 企业通过不同部门的团结协作共同创造新产品 4. 企业进行该流程是为了实现客户与企业的双赢 5. 企业会依据供应商的实际供应能力创新产品，并给予其指导 6. 企业创新自身产品会思考竞争对手的替代产品	法伊等（Fay et al.，1999） 邹绍明等（2009） 拉玛斯瓦米等 （Ramaswami et al.，2009）
顾客关系流程	1. 企业经过自身挖掘客户潜在需求，为顾客创造价值 2. 企业拥有测评系统可以评估与流失客户重建合作交易关系的成本 3. 企业对顾客与企业自身的关系保持长期追踪 4. 企业经常与客户联系 5. 客户能够为企业提供有价值的信息 6. 企业主动适应客户需求并对其需求改变采取快速反应	米恩等（Mien et al.，2007） 邹绍明等（2009） 和舒等（2009）
供应链流程	1. 企业科学选定供应链合作伙伴（包含购买、销售、运输等供应链伙伴） 2. 企业会把因产品创新而导致定制需求发生改变的信息传输给供应商 3. 目标是对供应层面信息进行精准传递，减少企业反应时间 4. 企业建立一整套质量保障体系来帮助供应链成员生产传送 5. 企业将市场方面有效信息分享给供应链伙伴成员 6. 企业同供应链成员经常合作并保持长期联系	曼弗雷德克拉夫 （Manfred，2004） 拉玛斯瓦米等 （Ramaswami et al.，2009）

（3）商业模式创新的测量。主要采用和借鉴阿米特和佐特（Amit & Zott，2012）、郭毅夫等（2019）的研究成果，价值主张模式创新采用4个测量问项，价值创造模式创新采用5个测量问项，价值传递模式创新采用4个测量问项，价值实现模式创新采用2个测量问项，如表7-3所示。

表 7 - 3 商业模式创新各维度测量量表

变量	测量题项	参考文献
价值主张模式创新	1. 企业对潜在客户有清晰的定位 2. 企业定位的目标市场是新颖的 3. 企业能够发掘顾客潜在需求 4. 企业会根据自身资源能力优势，提出价值主张	阿米特和佐特 （Amit & Zott，2012） 孙永波（2011） 郭毅夫（2009） 云乐鑫（2014） 原磊（2009）
价值创造模式创新	1. 企业为客户创造有创新的价值 2. 企业向客户提供的产品和服务是不断创新的 3. 企业努力申请专利和产权保护 4. 企业赚钱的方式具有创新性 5. 企业在价值链中有良好的定位，能够分享其主要利润	
价值传递模式创新	1. 企业的销售模式具有创新性 2. 企业接触和维护客户的方式是创新的 3. 企业在原材料的采购中引入了特约供应商 4. 企业在利润结算方式上与竞争对手不同	
价值实现模式创新	1. 企业获得规模利润的增长方式具有创新性 2. 企业在价值链中具有明确的定位，能够分享其相对份额的利润	

（4）共同方法偏差检验。本章通过采取匿名测量、部分项目反向等措施从程度上控制共同方法偏差出现（周浩、龙立荣，2004）。对收集的样本数据采用哈曼单因素检验进行共同方法偏差的检验，未旋转的探索性因子分析结果抽取特征根大于1的因子共有11个，最大因子的方差解释率为38.061%（小于40%），因此本书不存在严重的共同方法偏差，如表7-4所示。

表 7 - 4 总方差解释

成分	起始特征值			提取载荷平方和		
	总计	方差百分比（%）	累加（%）	总计	方差百分比（%）	累加（%）
1	17.889	38.061	38.061	17.889	38.061	38.061
2	3.190	6.788	44.849			

续表

成分	起始特征值			提取载荷平方和		
	总计	方差百分比（%）	累加（%）	总计	方差百分比（%）	累加（%）
3	2.167	4.610	49.459			
4	1.881	4.002	53.461			
5	1.525	3.245	56.706			
6	1.419	3.020	59.726			
7	1.335	2.841	62.567			
8	1.192	2.535	65.102			
9	1.141	2.427	67.529			
10	1.057	2.250	69.779			
11	1.005	2.139	71.917			
12	0.964	2.051	73.969			

二、样本概况与数据收集

本书是以服务业企业为研究对象，因为从属性上来讲，服务业作为第三产业，可以比第一产业和第二产业创造更高的经济效率，推动经济的加快发展。即服务业越发达，可以创造的经济劳动生产率就越高，同时，经济劳动生产率越高，经济的发展速度就越快。并且服务业在三大产业的比例中也几乎占到了半壁江山，成为当前推动我国经济高效增长、社会快速进步和改善社会发展的重要驱动力量，在推动我国的经济快速发展过程中起到了尤为重要的作用。因此，本书将服务业企业作为研究对象，研究服务业具体发展过程中，企业网络通过营销动态能力来对商业模式创新产生影响。问卷调研的取样范围主要集中在北京、西安、天津、杭州、上海、济南等地，并以网络平台为依托进行问卷发放，共发放问卷301份，收到有效样本数据263份。

三、数据处理分析

1. 描述性统计分析

主要包含企业的性质、年限、规模以及企业的网络核心作用，问卷填写人所在岗位和工作年限等。本书的研究对象主要是服务业企业，并发放问卷数据 301 份，收到有效样本数据 263 份。下面运用 SPSS 软件对本书中的有效样本进行描述性统计分析，如表 7 – 5 与表 7 – 6 所示。表 7 – 5 主要从基本信息概述、分类、样本数和样本比例等方面进行描述，表 7 – 6 主要从均值、标准差、偏度峰度等方面进行概述。

表 7 – 5 　　　　　　　　　样本的描述性统计分析

基本信息	分类	样本数量	样本占比（%）
职位类别	普通员工	157	59.7
	基层员工	62	23.6
	中层管理	34	12.9
	高层管理	10	3.8
工作年限	1~3 年	104	39.5
	4~6 年	73	27.8
	7~9 年	30	11.4
	10~12 年	30	11.4
	13~15 年	12	4.6
	15 年以上	14	5.3
企业性质	国有	101	38.4
	民营	117	44.5
	外资或合资	12	4.6
	其他	33	12.5

基本信息	分类	样本数量	样本占比（%）
企业年限	1～10 年	71	27.0
	11～20 年	71	27.0
	21～30 年	40	15.2
	31～40 年	19	7.2
	41～50 年	7	2.7
	50 年及以上	55	20.9
企业规模	100 人及以下	68	25.9
	101～500 人	59	22.4
	501～2 000 人	41	15.6
	2 001～5 000 人	23	8.7
	5 000 人以上	72	27.4
企业为甲方或乙方	是	168	63.9
	否	95	36.1

表 7-6　　　　　　　　　　样本的描述性统计分析

变量	编码	均值	标准差	偏度		峰度	
				统计量	标准差	统计量	标准差
网络关系强度	NR1	3.82	1.244	−0.897	0.150	−0.127	0.299
	NR2	3.80	1.179	−0.799	0.150	−0.176	0.299
	NR3	3.46	1.151	−0.378	0.150	−0.532	0.299
网络密度	ND1	3.98	1.414	−1.082	0.150	0.445	0.299
	ND2	3.95	1.101	−0.913	0.150	0.009	0.299
	ND3	3.98	1.124	−1.035	0.150	0.347	0.299
	ND4	3.96	1.101	−1.014	0.150	0.371	0.299
网络规模	NS1	3.86	1.180	−0.868	0.150	−0.200	0.299
	NS2	3.79	1.154	−0.703	0.150	−0.408	0.299
	NS3	3.64	1.081	−0.619	0.150	−0.185	0.299

变量	编码	均值	标准差	偏度		峰度	
				统计量	标准差	统计量	标准差
网络中心性	NC1	3.74	1.173	−0.758	0.150	−0.188	0.299
	NC2	3.81	1.114	−0.779	0.150	−0.188	0.299
	NC3	3.46	1.118	−0.363	0.150	−0.509	0.299
	NC4	3.79	1.063	−0.737	0.150	0.105	0.299
产品研发流程	PR1	3.37	1.171	−0.320	0.150	−0.679	0.299
	PR2	3.67	1.156	−0.657	0.150	−0.358	0.299
	PR3	3.71	1.159	−0.633	0.150	−0.397	0.299
	PR4	3.77	1.153	−0.689	0.150	−0.379	0.299
	PR5	3.73	1.113	−0.733	0.150	−0.008	0.299
	PR6	3.80	1.123	−0.802	0.150	−0.032	0.299
顾客关系流程	CR1	3.73	1.194	−0.843	0.150	−0.145	0.299
	CR2	3.64	1.193	−0.605	0.150	−0.508	0.299
	CR3	3.81	1.103	−0.736	0.150	−0.171	0.299
	CR4	3.85	1.114	−0.822	0.150	−0.019	0.299
	CR5	3.87	1.088	−0.861	0.150	−0.095	0.299
	CR6	3.89	1.068	−0.852	0.150	−0.140	0.299
供应链流程	SC1	3.72	1.104	−0.694	0.150	−0.168	0.299
	SC2	3.72	1.065	−0.717	0.150	0.079	0.299
	SC3	3.77	1.061	−0.704	0.150	−0.080	0.299
	SC4	3.79	1.095	−0.641	0.150	−0.313	0.299
	SC5	3.70	1.005	−0.694	0.150	0.269	0.299
	SC6	3.87	0.997	−0.778	0.150	0.282	0.299
价值主张模式创新	VP1	3.86	1.119	−0.841	0.150	−0.036	0.299
	VP2	3.68	1.029	−0.516	0.150	−0.295	0.299
	VP3	3.78	1.062	−0.638	0.150	−0.226	0.299
	VP4	3.81	1.041	−0.705	0.150	−0.016	0.299

变量	编码	均值	标准差	偏度		峰度	
				统计量	标准差	统计量	标准差
价值创造模式创新	VC1	3.66	1.050	−0.663	0.150	0.059	0.299
	VC2	3.79	1.056	−0.702	0.150	−0.115	0.299
	VC3	3.79	1.087	−0.762	0.150	−0.005	0.299
	VC4	3.57	1.106	−0.538	0.150	−0.392	0.299
	VC5	3.73	1.014	−0.598	0.150	0.021	0.299
价值传递模式创新	VD1	3.37	1.144	−0.350	0.150	−0.550	0.299
	VD2	3.52	1.059	−0.357	0.150	−0.359	0.299
	VD3	3.61	1.049	−0.490	0.150	−0.323	0.299
	VD4	3.46	1.128	−0.440	0.150	−0.517	0.299
价值实现模式创新	VR1	3.56	1.089	−0.572	0.150	−0.243	0.299
	VR2	3.69	1.035	−0.638	0.150	−0.066	0.299

2. 信度检验

本书参照以往学者做法，信度检验依然通过比较采用 Cronbach's Alpha 值对问卷信度进行测量值来判别量表的信度好坏，通常来说，当 Cronbach's Alpha 值比较高，说明量表题项的内部稳定性比较好。经过信度分析，企业网络各个维度的信度系数值依次为 0.839、0.919、0.866、0.867，由结果可知所有系数值都大于 0.7。营销动态能力各个维度的信度系数值依次为 0.904、0.925、0.923，由结果可知所有系数值都大于 0.7。商业模式创新各个维度的信度系数值依次为 0.914、0.881、0.965、0.811，由结果可知所有系数值都大于 0.7。综上所述，说明企业网络、营销动态能力和商业模式创新各维度量表信度效果良好，信度的分析结果如表 7 − 7、表 7 − 8、表 7 − 9 所示。

表 7 - 7 企业网络各维度信度分析结果

变量	题项	题项数	Cronbach 系数	整体 α 系数
网络关系强度	NR1	3	0.839	
	NR2			
	NR3			
网络密度	ND1	4	0.919	0.948
	ND2			
	ND3			
	ND4			
网络规模	NS1	3	0.866	
	NS2			
	NS3			
网络中心性	NC1	4	0.867	
	NC2			
	NC3			
	NC4			

表 7 - 8 营销动态能力各维度信度分析结果

变量	题项	题项数	Cronbach 系数	整体 α 系数
产品研发流程	PR1	6	0.904	
	PR2			
	PR3			
	PR4			
	PR5			
	PR6			

续表

变量	题项	题项数	Cronbach 系数	整体 α 系数
顾客关系流程	CR1	6	0.925	0.961
	CR2			
	CR3			
	CR4			
	CR5			
	CR6			
供应链流程	SC1	6	0.923	
	SC2			
	SC3			
	SC4			
	SC5			
	SC6			

表 7 – 9　　商业模式创新各维度信度分析结果

变量	题项	题项数	Cronbach 系数	整体 α 系数
价值主张模式创新	VP1	4	0.914	0.956
	VP2			
	VP3			
	VP4			
价值创造模式创新	VC1	5	0.881	
	VC2			
	VC3			
	VC4			
	VC5			
价值创造模式创新	VD1	4	0.965	
	VD2			
	VD3			
	VD4			
价值创造模式创新	VR1	2	0.811	
	VR2			

3. 效度检验

本书参照以往学者做法，进行效度分析之前，先对 KMO 值和 Bartlett 球形度进行分析和检验。当 KMO 的数值超过 0.7 时，表明适合进一步的验证性因子分析。通过 SPSS22.0 分析结果得出，在企业网络中，四个维度的 KMO 值依次为 0.703、0.842、0.708、0.810。在营销动态能力中，三个维度的 KMO 值依次为 0.905、0.909、0.906。在商业模式创新中，四个维度的 KMO 值依次为 0.855、0.865、0.815、0.702。由结果可知，所有变量不同维度的 KMO 值都超过 0.7，并且 Bartlett 检验结果在低于 0.001 的水平上都呈现出显著性，所以适合做下一步的验证性因子分析，效度的分析结果如表 7 - 10 所示。

表 7 - 10　　　　　　　　**KMO 值和 Bartlett 球形度检验**

变量	KMO 值	Bartlett 球形度检验	
网络关系强度	0.703	近似卡方	359.839
		自由度	3
		显著性	0.000
网络密度	0.842	近似卡方	765.752
		自由度	6
		显著性	0.000
网络规模	0.708	近似卡方	407.165
		自由度	3
		显著性	0.000
网络中心性	0.810	近似卡方	500.760
		自由度	6
		显著性	0.000
产品研发流程	0.905	近似卡方	942.493
		自由度	15
		显著性	0.000
顾客关系流程	0.909	近似卡方	1 163.875
		自由度	15
		显著性	0.000

续表

变量	KMO 值	Bartlett 球形度检验	
供应链流程	0.906	近似卡方	1 107.518
		自由度	15
		显著性	0.000
价值主张模式创新	0.855	近似卡方	714.726
		自由度	6
		显著性	0.000
价值创造模式创新	0.865	近似卡方	665.474
		自由度	10
		显著性	0.000
价值传递模式创新	0.815	近似卡方	504.485
		自由度	6
		显著性	0.000
价值实现模式创新	0.702	近似卡方	164.075
		自由度	1
		显著性	0.000

　　本章前面对各变量已经构建了理论模型并提出了相关关系假设，这时就需要通过验证性因子分析来检验收集的样本与所构建模型的拟合度是否良好，以保证可以用结构方程模型对其进行分析。通常来说，模型的拟合指标包含卡方统计量、RMSEA 值、CFI、GFI、IFI 等参考指标，各指标都具有相应的参考值，如果指标达到参考值的标准，则认为拟合度良好。本书依据以往大多学者的做法，选取了 χ^2/df、RMSEA、CFI、NFI、IFI 和 TLI 等指标来综合判别模型拟合好坏。通常来说，χ^2/df 不超过 2，拟合度较好，χ^2/df 在 2~5 之间，则可以接受。RMSEA 值低于 0.5，说明拟合较好，RMSEA 值低于 0.08，则可以接受；其他指标要求大于 0.9，如果越接近 1，则拟合效果越好。此外收敛效度一般通过标准化因子载荷、组合信度 CR 值和平均提取

方差 AVE 值三个指标进行检验，指标要求分别大于 0.5、0.7、0.5。下面分别进行企业网络的验证性因子分析、收敛效度分析、模型拟合指标分析。

如图 7 - 2 所示，企业网络中四个维度依次用字母 NR、ND、NS、NC 来表示，测量指标数量依次为 3 个、4 个、3 个和 4 个。单箭头和双箭头分别代表载荷系数和相关系数。企业网络收敛效度检验结果如表 7 - 11 所示。

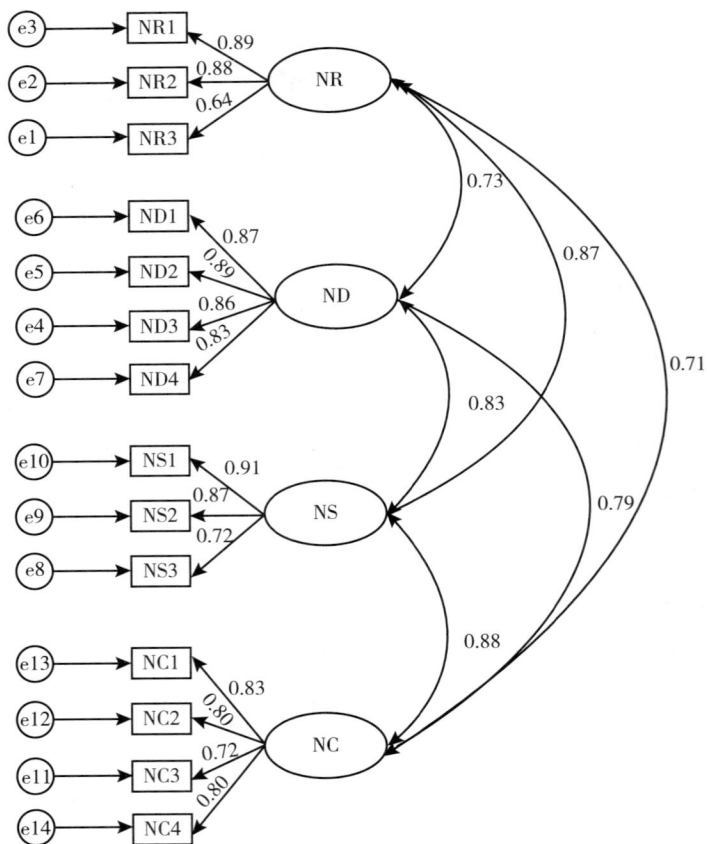

图 7 - 2　企业网络验证性因子分析

表 7-11 企业网络收敛效度检验

变量	编码	标准载荷系数（λ）	误差变异量（δ）	组合信度（CR）	平均提取方差（AVE）
网络关系强度	NR1	0.89	0.33	0.849	0.796
	NR2	0.88	0.31		
	NR3	0.64	0.78		
网络密度	ND1	0.87	0.33	0.920	0.741
	ND2	0.89	0.25		
	ND3	0.86	0.33		
	ND4	0.83	0.37		
网络规模	NS1	0.91	0.25	0.872	0.769
	NS2	0.87	0.33		
	NS3	0.72	0.57		
网络中心性	NC1	0.83	0.44	0.867	0.620
	NC2	0.88	0.45		
	NC3	0.72	0.61		
	NC4	0.80	0.40		

从表 7-11 可知，网络关系强度信度值为 0.849，网络密度信度为 0.912，网络规模信度值为 0.872，网络中心性的信度值为 0.867，这都表明企业网络中各变量维度一致性较好，信度值符合要求。此外，平均方差提取值也都超过 0.5，这都表明各问项的测量的收敛效度表较好。同时对企业网络进行区分效度检验，具体结果如表 7-12 所示。

表 7-12 企业网络区分效度检验

变量	NR	NS	ND	NC
NR	0.796			
NS	0.727	0.741		
ND	0.868	0.827	0.769	
NC	0.706	0.794	0.876	0.620
AVE 平方根	0.892	0.861	0.877	0.787

注：对角线为 AVE 具体值。

从表 7 - 12 可知，网络关系强度与网络密度、网络规模及网络中心性的相关系数分别为 0.727、0.868、0.706，而网络关系强度的平均提取方差 AVE 的算术平方根为 0.892。网络密度与网络规模及网络中心性的相关系数分别为 0.827、0.794，而网络密度的平均提取方差 AVE 的算术平方根为 0.861。网络规模与网络中心性的相关系数为 0.876，而网络规模的平均提取方差 AVE 的算术平方根为 0.877。网络中心性的 AVE 值为 0.62，其平均提取方差 AVE 的算术平方根为 0.787。因此通过比较可知，企业网络的区分效度较好。

由表 7 - 13 的各项拟合指标来看，$\chi^2/df = 2.875$，RMSEA = 0.085，模型可以接受，CFI = 0.954，NFI = 0.931，IFI = 0.954，TLI = 0.940，都大于 0.9，所以从整体来看，该模型的拟合效果比较好，效度符合要求。因此，结果表明本书对企业网络不同维度划分和测量是可行的。接下来将进行营销动态能力的验证性因子分析、收敛效度分析、模型拟合指标分析。

表 7 - 13　　　　　　　　企业网络模型拟合系数

拟合指数	χ^2/df	RMSEA	CFI	NFI	IFI	TLI
拟合很好	(0, 2)	<0.05	>0.95	>0.95	>0.95	>0.95
可以接收	(2, 5)	<0.10	>0.9	>0.9	>0.9	>0.9
模型	2.875	0.085	0.954	0.931	0.954	0.940

如图 7 - 3 所示，营销动态能力三个维度依次用字母 PR、CR、SC 来表示，测量指标数量分别为 6 个。单箭头和双箭头分别代表载荷系数和相关系数。营销动态能力的收敛效度分析结果如表 7 - 14 所示。

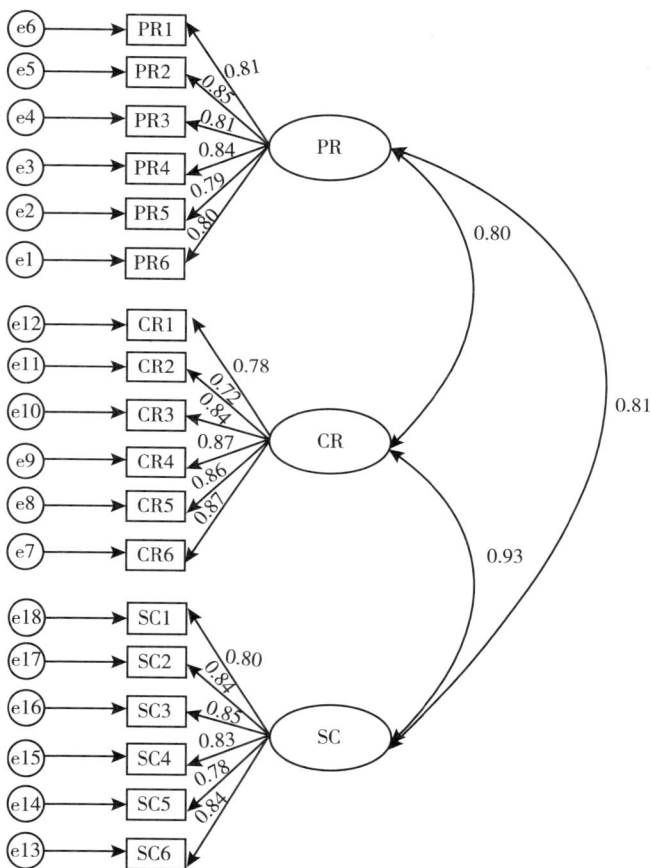

图 7 – 3 营销动态能力验证性因子分析

从表 7 – 14 可知，营销动态能力所有变量的信度 CR 值都大于 0.7，具体来看，产品研发流程信度值为 0.906，顾客关系管理信度值为 0.927，供应链流程信度值为 0.924，这都表明营销动态能力中各变量维度一致性较好，信度值符合要求。此外，平均方差提取值也都均超过 0.5，这都表明各问项的测量的收敛效度表较好。同时对营销动态能力进行区分效度检验，具体结果如表 7 – 15 所示。

表 7 - 14 营销动态能力收敛效度检验

变量	编码	标准载荷系数（λ）	误差变异量（δ）	组合信度（CR）	平均提取方差（AVE）
产品研发流程	PR1	0.61	0.87	0.906	0.680
	PR2	0.85	0.36		
	PR3	0.81	0.46		
	PR4	0.84	0.38		
	PR5	0.79	0.47		
	PR6	0.80	0.46		
顾客关系流程	CR1	0.78	0.56	0.927	0.881
	CR2	0.72	0.67		
	CR3	0.84	0.35		
	CR4	0.87	0.30		
	CR5	0.86	0.31		
	CR6	0.87	0.28		
供应链流程	SC1	0.80	0.43	0.924	0.669
	SC2	0.81	0.40		
	SC3	0.85	0.32		
	SC4	0.83	0.36		
	SC5	0.78	0.39		
	SC6	0.84	0.29		

表 7 - 15 营销动态能力区分效度检验

变量	PR	CR	SC
PR	0.680		
CR	0.798	0.881	
SC	0.815	0.933	0.669
AVE 平方根	0.825	0.939	0.818

注：对角线为 AVE 具体值。

从表 7 – 15 可知，产品研发流程与顾客关系流程及供应链流程的相关系数分别为 0.798、0.815，而产品研发流程的平均提取方差 AVE 的算术平方根为 0.825。顾客关系流程与供应链流程的相关系数为 0.933，而顾客关系流程的平均提取方差 AVE 的算术平方根为 0.939。供应链流程的 AVE 值为 0.669，其平均提取方差 AVE 的算术平方根为 0.818。因此通过比较可知，营销动态能力的区分效度较好。

从表 7 – 16 的各项拟合指标来看，$\chi^2/df = 2.487$，RMSEA = 0.075，模型可以接受，CFI = 0.950，NFI = 0.919，IFI = 0.950，TLI = 0.942，都大于 0.9，所以整体来看，该模型的拟合效果比较好，效度符合要求。因此，结果表明本书对营销动态能力不同维度划分和测量是有效的。下面分别进行商业模式创新的验证性因子分析、收敛效度分析、模型拟合指标分析。

表 7 – 16　　　　　营销动态能力模型拟合系数

拟合指数	χ^2/df	RMSEA	CFI	NFI	IFI	TLI
拟合很好	(0, 2)	< 0.05	> 0.95	> 0.95	> 0.95	> 0.95
可以接收	(2, 5)	< 0.10	> 0.9	> 0.9	> 0.9	> 0.9
模型	2.487	0.075	0.950	0.919	0.950	0.942

如图 7 – 4 所示，商业模式创新中四个维度依次用字母 VP、ND、NS、NC 来表示，测量指标数量依次为 4 个、5 个、4 个和 2 个。单箭头和双箭头分别代表载荷系数和相关系数。商业模式创新的收敛效度分析结果如表 7 – 17 所示。

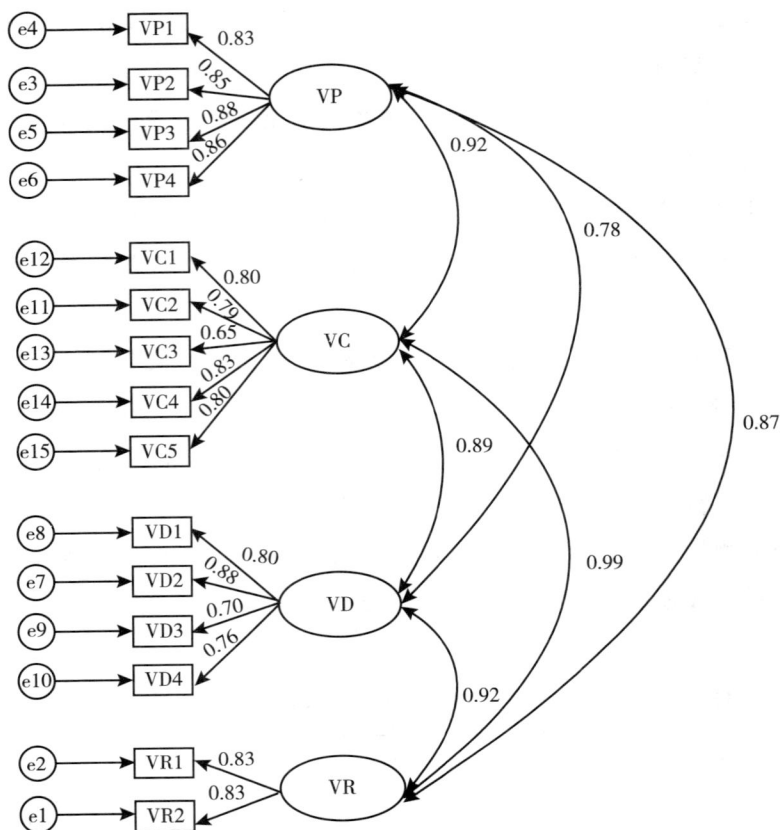

图 7 - 4 商业模式创新验证性因子分析

表 7 - 17   商业模式创新收敛效度检验

变量	编码	标准载荷系数 （λ）	误差变异量 （δ）	组合信度 （CR）	平均提取方差 （AVE）
价值主张 模式创新	VP1	0.83	0.40	0.914	0.876
	VP2	0.85	0.29		
	VP3	0.88	0.26		
	VP4	0.86	0.29		

变量	编码	标准载荷系数（λ）	误差变异量（δ）	组合信度（CR）	平均提取方差（AVE）
价值创造模式创新	VC1	0.80	0.39	0.881	0.980
	VC2	0.79	0.42		
	VC3	0.65	0.68		
	VC4	0.83	0.39		
	VC5	0.80	0.37		
价值传递模式创新	VD1	0.80	0.46	0.869	0.849
	VD2	0.88	0.24		
	VD3	0.70	0.55		
	VD4	0.76	0.54		
价值实现模式创新	VR1	0.83	0.37	0.812	0.684
	VR2	0.83	0.34		

由表 7 – 17 看出，四个变量维度的信度值依次为 0.914、0.881、0.869、0.812。这都表明商业模式创新中各变量维度一致性较好，信度值符合要求。此外，平均方差提取值也均超过 0.5，这都表明各问项的测量的收敛效度表较好。同时对商业模式创新进行区分效度检验，具体结果如表 7 – 18 所示。

表 7 – 18　　　　　　　　商业模式创新区分效度检验

变量	VP	VC	VD	VR
VP	0.876			
VC	0.924	0.980		
VD	0.785	0.890	0.849	
VR	0.868	0.989	0.919	0.684
AVE 平方根	0.936	0.990	0.921	0.827

注：对角线为 AVE 具体值。

从表 7 – 18 可知，价值主张模式创新与价值创造模式创新、价值传递模式创新及价值实现模式创新的相关系数分别为 0.924、0.785、0.868，而价值主张模式创新的平均提取方差 AVE 的算术平方根为 0.936。价值创造模式创新与价值传递模式创新及价值实现模式创新的相关系数分别为 0.890、0.989，而价值创造模式创新的平均提取方差 AVE 的算术平方根为 0.990。价值传递模式创新与价值实现模式创新的相关系数为 0.919，而价值传递模式创新的平均提取方差 AVE 的算术平方根为 0.921。价值实现模式创新的 AVE 值为 0.684，其平均提取方差 AVE 的算术平方根为 0.827。因此通过比较可知，商业模式创新的区分效度较好。

从表 7 – 19 的各项拟合指标来看，$\chi^2/df = 2.481$，RMSEA = 0.075，模型可以接受，CFI = 0.960，NFI = 0.934，IFI = 0.960，TLI = 0.949，都大于 0.9，所以从整体来看，模型的拟合效果比较好，效度符合要求。因此，结果表明本书对商业模式创新不同维度划分和测量是有效的。

表 7 – 19　　　　　　　　　　**商业模式创新模型拟合系数**

拟合指数	χ^2/df	RMSEA	CFI	NFI	IFI	TLI
拟合很好	(0, 2)	< 0.05	> 0.95	> 0.95	> 0.95	> 0.95
可以接收	(2, 5)	< 0.10	> 0.9	> 0.9	> 0.9	> 0.9
模型	2.481	0.075	0.960	0.934	0.960	0.949

▶ 第八章 ◀

模型实证检验及结果分析

经过上述验证性因子分析之后，可以进一步对其因子结构展开分析，即采用结构方程模型分析法，来检验理论模型及研究假设。在进行分析之间，先利用 SPSS 软件检测和分析各变量之间的相关性是否成立，然后用 Amos 软件对结构方程模型进行分析，包括模型构建、参数分析及后期模型修正。

第一节　变量间相关性检验与结构方程模型

从调研样本数量来看，收集有效样本为 263，容量大于 100，适合使用极大似然估计法。另外使用极大似然法对结构方程模型估计要求样本必须服从正态分布，一般来说，当偏度值和峰度值靠近 0，表明数据服从正态分布。同时，认为偏度小于 2 和峰度小于 5 也服从正态分布。通过之前对数据偏度和峰度的分析表明，本章各题项样本数据均符合正态分布基本要求。因此综合来看，本书适合进行结构方程建模并对其进行分析，下面先对各变量间相关性程度进行验，如表 8 - 1 所示。

表 8 - 1

变量间的相关性检验

变量	1	2	3	4	5	6	7	8	9	10	11
网络关系强度	1										
网络密度	0.658**	1									
网络规模	0.756**	0.750**	1								
网络中心性	0.635**	0.704**	0.766**	1							
产品研发流程	0.549**	0.504**	0.584**	0.583**	1						
顾客关系流程	0.559**	0.625**	0.632**	0.625**	0.737**	1					
供应链流程	0.577**	0.628**	0.654**	0.667**	0.743**	0.867**	1				
价值主张模式创新	0.422**	0.469**	0.463**	0.474**	0.473**	0.549**	0560**	1			
价值创造模式创新	0.366**	0.460**	0.429**	0.473**	0.439**	0.452**	0.501**	0.820**	1		
价值传递模式创新	0.295**	0.331**	0.364**	0.438**	0.368**	0.399**	0.434**	0.697**	0.784**	1	
价值实现模式创新	0.314**	0.413**	0.382**	0.432**	0.392**	0.443**	0504**	0.743**	0.833**	0.770**	1

注：** 表示显著性水平 P<0.01（双尾检验），* 表示显著性水平 P<0.5（双尾检验），N=263。

由表 8 - 1 可知，企业网络与营销动态能力各维度显著相关，营销动态能力与商业模式创新各维度显著相关。在企业网络与营销动态能力关系方面，网络关系强度与产品研发流程呈现正相关（$\beta = 0.549$，$P < 0.01$），与顾客关系流程呈现正相关（$\beta = 0.559$，$P < 0.01$），与供应链流程显著正相关（$\beta = 0.577$，$P < 0.01$），初步证明了假设 H1a - 1、H1a - 2、H1a - 3。网络密度与产品研发流程显著正相关（$\beta = 0.504$，$P < 0.01$），与顾客关系流程显著正相关（$\beta = 0.625$，$P < 0.01$），与供应链流程呈现正相关（$\beta = 0.628$，$P < 0.01$），初步验证 H1b - 1、H1b - 2、H1b - 3。同理，网络规模与营销动态能力的各维度，网络中心性与营销动态能力的各维度均呈正向相关，这能够初步验证 H1c 组和 H1d 组的研究假设。在营销动态能力与商业模式创新关系方面，产品研发流程与价值主张模式创新显著正相关（$\beta = 0.473$，$P < 0.01$），与价值创造模式创新显著正相关（$\beta = 0.439$，$P < 0.01$），同理，与价值传递模式创新、价值实现模式创新均显著正相关。初步证明了假设 H2a - 1、H2a - 2、H2a - 3 成立。同样检验结果表明，顾客关系流程和供应链流程分别对四个维度呈现显著正相关关系。因此初步验证了 H2b 组假设和 H2c 组假设。

本章主要是探讨企业网络、营销动态能力与商业模式创新之间的理论关系，并构建了结构方程模型。结构方程模型是处理多个原因与多个结果之间关系的多元统计方法，它可以通过因果模型的建立，模型参数评估及后期模型的评价，来分析单项指标之间的关系及其对总体指标的作用影响，也能够检验潜在变量之间复杂交互的因果路径关系，因此可以替代多重回归分析、因子分子等诸多方法，并常运用于社会科学、经济学与管理学等领域。本章主要探讨企业网络与营销动态能力不同子维度相结合对商业模式创新产生的影响，是分析单项指标之间关系及其对总体的影响，需要处理多种原因和多种结果，因此本书比较适合结构方程实证方法。其中，企业网络主要通过网络关系强度等四个指标进行测量，营销动态能力主要通过产品研发流程等三个指标进行测量，商业模式创新主要通过价值主张模式创新等四个指标进行测量，如图 8 - 1 所示。

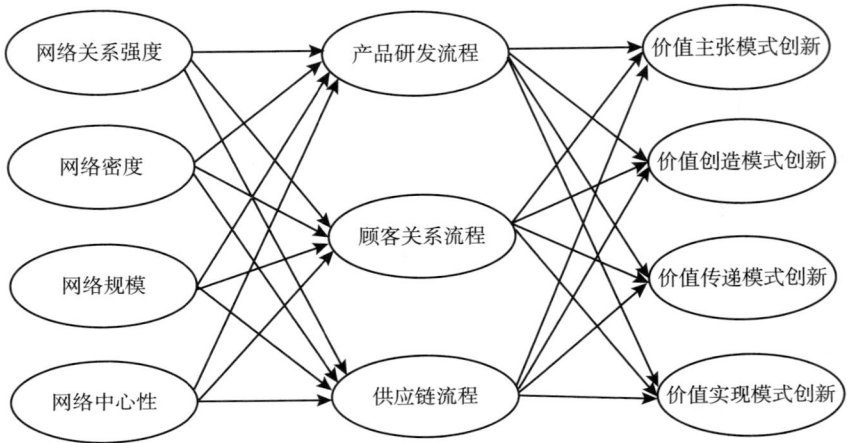

图 8 - 1　本书实证模型

第二节　企业网络与营销动态能力相匹配的商业模式创新研究模型的实证检验

接下来，本节将利用 Amos 软件对企业网络中各研究变量通过营销动态能力中各研究变量影响商业模式创新中各研究变量的 24 条具体路径展开检验，运行结果如图 8 - 2 所示。

如图 8 - 2 所示，在通过 Amos 软件对本章的理论模型进行运行之后，为了使模型整体的拟合指数达到最优，对模型进行了 Modification Indices 修正，其中对变量 NS（网络规模）的残差 e7 和变量 NC（网络中心性）的残差 e11 进行了双箭头关联，且关联系数是 - 0.38，原因可能是企业与本行业竞争对手存在过多联系，则可能导致自身与供应商、合作伙伴的直接联系少于间接联系。同时，对变量 SC（供应链流程）的残差 e26 和残差 e29 进行了双箭头关联，且关联系数是 0.39，原因或许是企业与其供应链成员伙伴分享的市场信息越多，就越容易培养长期稳定的合作关系。经过 Modification Indices 修正，进而使模型整体拟合系数达到了更优程度，如表 8 – 2 的各项拟合指标来看，χ^2/df 为 2.067，低于 3，RMSEA 值为 0.064，低于 0.08，表明模型整体拟合较好；CFI = 0.901，NFI = 0.902，IFI = 0.902，TLI = 0.905，也都大于标准值 0.90，因此从整体来看，模型整体拟合不错，理论模型与数据的适配程度较好。

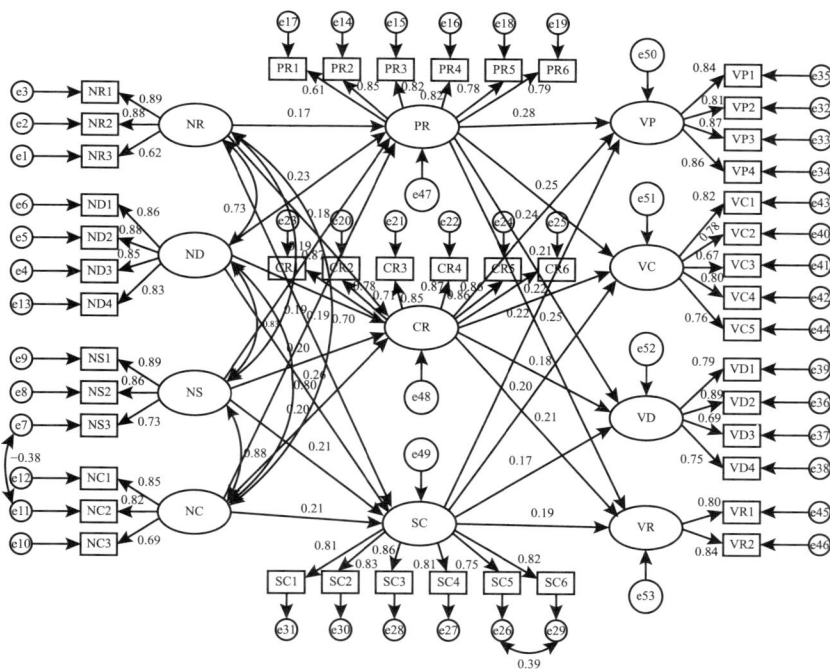

图 8 – 2　Amos 运行模型

表 8 – 2　　　　　　　　　模型拟合系数

拟合指数	χ^2/df	RMSEA	CFI	NFI	IFI	TLI
指标值	< 3	< 0.08	> 0.9	> 0.9	> 0.9	> 0.9
模型	2.067	0.064	0.901	0.902	0.902	0.905

一、企业网络与营销动态能力

首先，对企业网络与营销动态能力之间的理论关系进行验证，结果如表 8 - 3 所示。

表 8 - 3　　　　企业网络与营销动态能力关系的假设检验结果

假设	关系	标准路径系数	CR 值	P 值	结论
H1a - 1	网络关系强度→产品研发流程	0.191	9.844	***	支持
H1a - 2	网络关系强度→顾客关系流程	0.184	10.131	***	支持
H1a - 3	网络关系强度→供应链流程	0.169	9.057	***	支持
H1b - 1	网络密度→产品研发流程	0.226	12.097	***	支持
H1b - 2	网络密度→顾客关系流程	0.255	12.844	***	支持
H1b - 3	网络密度→供应链流程	0.246	12.231	***	支持
H1c - 1	网络规模→产品研发流程	0.211	11.004	***	支持
H1c - 2	网络规模→顾客关系流程	0.203	11.131	***	支持
H1c - 3	网络规模→供应链流程	0.187	9.675	***	支持
H1d - 1	网络中心性→产品研发流程	0.186	9.597	***	支持
H1d - 2	网络中心性→顾客关系发流程网络	0.203	11.131	***	支持
H1d - 3	中心性→供应链流程	0.221	11.444	***	支持

注：*** 表示在 P < 0.001 的水平上呈现显著性相关。

从表 8 - 3 可以看出，企业网络对营销动态能力产生的正向影响初步得到印证。再具体来看，网络关系强度对产品研发流程的标准路径系数是 0.191，并且在 P 值小于 0.001 的水平上具有显著性，说明网络关系强度对产品研发流程具有促进作用，即正向影响。网络关系强度对顾客关系流程的标准路径系数是 0.184，并且在 P 值小于 0.001 的水平上具有显著性，说明网络关系强度对顾客关系流程具有促进作用，即正向影响。网络关系强度对供应链流程的标准路径系数是 0.169，并且也在 P 值小于 0.001 的水平上具有显著性，说明网络关系强度对供应链流程具有促进作用，即正向影响。但是综合来看，对产品研发流程产生了最大的正向影响。同理，网络密度对营销动态能力三个维度的标准路径系数分别是 0.226、0.255 和 0.246，并且都在 P 值小于 0.001 的水平上具有显著性，并对顾客关系流程产生了最大的正向影响。网络规模对三大核心流程的标准路径系数分别是 0.211、0.203 和 0.187，并且都在 P 值小于 0.001 的水平上具有显著性，并对产品研发流程产生了最大的正向影响。网络中心性对三个维度的标准路径系数分别是 0.186、0.203 和 0.221，并且都在 P 值小于 0.001 的水平上具有显著性，并对供应链流程产生了最大的正向影响。综上所述，企业网络四个维度分别对营销动态能力具有积极的正向影响。

二、营销动态能力与商业模式创新

首先，对营销动态能力与商业模式创新之间的理论关系进行验证，结果如表 8-4 所示。

表 8-4　　营销动态能力与商业模式创新关系的假设检验结果

假设	关系	标准路径系数	CR 值	P 值	结论
H2a-1	产品研发流程→价值主张模式创新	0.252	9.066	***	支持
H2a-2	产品研发流程→价值创造模式创新	0.276	10.867	***	支持
H2a-3	产品研发流程→价值传递模式创新	0.213	8.180	***	支持
H2a-4	产品研发流程→价值实现模式创新	0.248	8.308	***	支持
H2b-1	顾客关系流程→价值主张模式创新	0.236	10.467	***	支持
H2b-2	顾客关系流程→价值创造模式创新	0.216	9.067	***	支持
H2b-3	顾客关系流程→价值传递模式创新	0.183	8.190	***	支持
H2b-4	顾客关系流程→价值实现模式创新	0.213	8.308	***	支持
H2c-1	供应链流程→价值主张模式创新	0.167	8.180	***	支持
H2c-2	供应链流程→价值创造模式创新	0.198	9.066	***	支持
H2c-3	供应链流程→价值传递模式创新	0.216	10.567	***	支持
H2c-4	供应链流程→价值实现模式创新	0.217	10.668	***	支持

注：*** 表示在 P < 0.001 的水平上呈现显著性相关。

从表 8-4 能够看出，营销动态能力对商业模式创新的正向影响这一假设基本上得到了支持。再具体来看，产品研发流程对价值主张模式创新的标准路径系数是 0.252，并且在 P 值小于 0.001 的水平上具有显著性，说明产品研发流程对价值主张模式创新具有促进作用，即正向影响。产品研发流程对价值创造模式创新的标准路径系数是 0.276，并且在 P 值小于 0.001 的水平上具有显著性，说明产品研发流程对价值创造模式创新具有促进作用，即正向影响。产品研发流程对价值传递模式创新的标准路径系数是 0.213，并且也在 P 值小于 0.001 的水平上具有显著性，说明产品研发流程对价值传递模式创新具有促进作用，即正向影响。产品研发流程对价值实现模式创新的标准路径系数是 0.248，并且也在 P 值小于 0.001 的水平上具有显著性，说明产品研发流程对价值实现模式创新具有促进作用，即正向影响。但是综合来看，对价值创造模式创新产生了最大的正向影响。同理，顾客关系流程对商业模式创新四个维度的标准路径系数分别是 0.236、0.216、0.183 和 0.213，并且都在 P 值小于 0.001 的水平上具有显著性，并对价值主张模式创新产生了最大的正向影响。供应链流程对四个维度的标准路径系数分别是 0.167、0.198、0.216 和 0.217，并且也都具有相同的显著性，其中对价值传递模式创新和价值实现模式创新的正向影响最大。综上所述，营销动态能力三个维度分别对商业模式创新具有积极的正向影响。

三、研究模型的实证结果讨论

经过对前述理论的研究和推导，构建了新的理论模型及相关假设，并通过大样本实证分析取得了一些研究结果，主要体现在以下几个方面：

（1）企业网络与营销动态能力有利于促进和驱动商业模式创新。

从企业网络与营销动态能力的不同维度来看，基于网络关系强度与产品研发流程，可以促进商业模式创新中的价值创造模式创新。即当网络伙伴之间联系得非常频繁，就可以为企业产品研发创造提供新的思想和资源，进而能够通过产品创新、品质提升、产品研发周期的缩短和开发预支的管理，更好地将创新型的产品和资源投入到产品产出的产业链运行过程当中，更好地为顾客创造出新的产品，为实现企业价值创造模式创新奠定基础。基于网络密度与顾客关系流程，可以促进商业模式创新中的价值主张模式创新。即当网络成员彼此联系密集性越高，会更好地管理包括顾客在内的利益相关者之间的联系，并提供许多便利，进而深层次地挖掘用户潜在价值需求，以实现顾客细分和目标市场的精确界定，进而为实现企业价值主张模式创新明确方向。基于网络规模与产品研发流程，可以促进商业模式创新中的价值创造模式创新。即企业网络规模越庞大，合作的网络伙伴就越多，就越有助于为网络中的企业提供各种不同种类的资源以及不同类型的创新思想，来促进企业产品研发及品质的提升，进而推动商业模式中价值创造模式的改进和创新。基于网络中心性与供应链流程，可以分别促进商业模式创新中的价值传递模式创新和价值实现模式创新。即网络中心性对供应链流程的正向影响最为显著，当企业在网络合作伙伴中越处于核心重要地位，其发挥的领导作用力就越强，就越有利于企业协调各方主体利益，进而促进企业研发新的产品，进行跨部门管理顾客关系以及跨部门实施供应链管理，重构物流供应链，提升供应链柔性，更好地对商品和服务进行传递，实现价值传递模式创新和价值实现模式创新。

（2）企业网络是提升商业模式创新最直接的资源基础与来源，营销动态能力是促进商业模式创新的重要驱动力。

在商业模式创新和发展过程当中，资源的供应无疑是商业模式创新必不可少的关键前提，尤其是网络资源，在商业模式创新中发挥着愈发重要的作用。因为在商业生态圈的竞争中，企业间的相互对抗已经演变和升级为包含一系列利益相关者在内的企业网络之间的竞争。然而有利的网络资源即较强的网络关系强度、稠密的网络密度、庞大的网络规模和良好的网络中心性所反映出的资源优势需要在复杂动荡的市场环境中被企业所识别才能真正转化为企业自身可以利用的竞争优势，促进企业商业模式创新发展。而在动态的市场环境中这种资源优势被识别离不开营销能力的驱动，即通过不同的跨部门商业流程将市场性资源转变为企业进取优势，并重新对网络资源进行重置与分配，在有效满足顾客需求的基础上，提升企业自身组织竞争力，进而在实现企业网络资源和营销动态能力二者结合的环境下促进商业模式的不断创新。因此，企业商业模式创新不仅要关注企业内部不同要素之间的协同创新，更要重视企业外部相关利益网络的统筹协调机制，通过企业网络关注利益相关者的不同价值主张以及培养企业对市场变化快速反应的营销动态能力，来持续丰富商业模式创新路径。

（3）企业网络对营销动态能力具有积极正向的影响作用，有利于促进企业营销动态能力的培育和构建。

企业网络的关系维度（网络关系强度）和结构维度（网络密度、网络规模、网络中心性）基本上都对营销动态能力具有正向影响，但对每个变量的显著影响程度不同。其中，网络关系强度和网络规模有利于构建营销动态能力中的产品研发流程，网络密度有利于构建营销动态能力中的顾客关系流程，网络中心性有利于构建营销动态能力中的供应链流程。具体来说，网络关系强度对产品研发流程的正向影响最为显著，当网络伙伴联系越频繁，越能够为企业产品研发创造和提供新的资源与思想，进而能够通过创新产品、提升品牌、减少研发周期和调整设计成本来提升顾客价值，满足顾客的有效需求而实现驱动新产品的跨部门商业流程。网络密度对顾客关系流程产生了最大的正向影响。当企业网络联结程度越密集，即网络伙伴联系的数量越多，越会更好地了解顾客、利益相关者等相关需求以积极地实现其供应的跨部门商业流程，满足顾客的差异化需求并为其提供相应的价值。网络规模对产品研发流程的正向影响最大，当企业网络规模越庞大，合作的网络伙伴就越多，就越有利于企业迅速地扩大发展规模，更有助于为企业提供各种不同资源、不同新思想进而促进企业产品模式的创新和品质的提升，更好地实现产品研发的跨部门流程效应。网络中心性对供应链流程的正向影响最大，当企业越处于网络交易合作伙伴中的核心重要地位，其发挥的领导作用力就越强，就越有利于企业协调各方主体利益，进而促进企业研发新的产品，进行跨部门管理顾客关系以及跨部门实施供应链管理。

第九章

数字化转型背景下商业模式
创新管理启示

本章基于第三章至第六章的案例研究以及第七章至第八章的实证研究，分别从微观、中观和宏观三个层面探讨了服务业商业模式创新管理启示。在微观层面，从企业视角出发，提出企业应充分利用企业网络资源、培养营销动态能力促进商业模式创新；在中观层面，从行业视角出发，主要基于金融服务业、餐饮服务业、旅游服务业、商业平台服务业这四个典型行业的行业特性，提出行业商业模式创新发展的具体管理启示；在宏观层面，从政府视角出发，通过制定良好的政策环境，健全一系列政策法规以促进商业模式创新，提升我国服务业的国际竞争力。

第一节　服务业企业商业模式创新管理启示

党的十九大报告指出："落实抓好创新驱动发展战略，国有企业必须引领促进经济社会发展的商业模式创新。"中国科学院创新发展研究中心将商业模式创新研究纳入中心重点工作内容。企业要想适应国家经济发展的需要，离不开商业模式创新的配合。商业模式创新与企业自身条件以及外部环境是分不开的。一方面离不开企业自身的能力和条件，另一方面更离不开企业所处的环境。因此，在研究商业模式创新发展对策时，应该从企业自身及外部环境两个方面出发。从企业所处的外部环境来看，必须关注与企业相关的利益相关者的价值主张和利益实现机制，才能促成商业模式创新；从企业自身方面，要积极培育适应市场变化的能力，即营销动态能力。总之，要建立企业利益相关者网络与企业营销动态能力的匹配机制，才能更好地实现商业模式创新。

本节通过实证研究的结果讨论，提出了企业商业模式创新的管理启示。分为两部分：第一部分聚焦于企业网络，依照实证结果中对于"企业网络是提升商业模式创新最直接的资源基础，能够促进和驱动商业模式创新"的结论，提出了利用企业网络资源促进商业模式创新的管理启示；第二部分聚焦于营销动态能力，依照实证结果中对于"营销动态能力是促进商业模式创新的重要驱动力"的结论，提出了培养企业营销动态能力促进商业模式创新的管理启示。

一、利用企业网络资源促进商业模式创新

包括顾客、供应商、竞争对手在内的企业网络是商业模式创新的资源基础，不同的企业网络结构属性会直接影响商业模式创新的路径，商业模式创新的过程就是企业网络不断演进变化的过程，企业网络发展的阶段性特征与商业模式发展的阶段性特征具有协同一致性。

从网络结构来看，拥有高密度、多样化网络特征的服务业企业更容易实现商业模式内容创新。服务业企业所拥有的网络结构在很大程度上决定了信息获取能力、知识创造能力及资源整合能力。与交往对象关系密切的企业，往往能够获得丰富的信息，当它们积极采取联合制定规划、联合解决问题以及合作性沟通这样以信任为基础的行为时，都有可能实现商业模式创新。从网络行为的视角分析，合作性沟通行为不仅能够增加创业企业与网络成员之间的信息传递能力，而且还能够提升企业各网络成员之间的知识创造能力，获得性学习效果，

在一定程度上促进企业商业模式的创新。

首先，通过免费环节吸引线下线上用户，进而对用户细分，挖掘盈利点，将"互联网＋"环境下价值链延展的便利性运用到极致，实现公司收益。其次，利用互联网的便利性，充分发挥其跨地域信息交流的优势，发掘目标用户，加强企业网络成员之间的互动和交流，营造一个良好的社群氛围，打造社群品牌。再次，利用"互联网＋"环境下信息高效传播的特性，去除企业网络商业模式的中间环节，降低成本、提高效率，从而提升企业竞争优势。在发挥互联网信息快速扩散效益的同时，将去除中间环节带来的成本和效益优势在全网范围内开始扩散，从而实现"互联网＋"环境下商业模式创新。

二、培养企业营销动态能力促进商业模式创新

根据企业管理实践可知，动态能力是企业面对动态竞争环境下的一种核心竞争力，拥有动态能力可以使企业在激烈的竞争中保持持续的竞争优势。企业的动态能力来自企业的组织学习，经过经验的积累、知识内外化逐渐演变而来。因此，企业可以通过组织学习，完善组织结构和组织学习的过程，在学习中发现现有组织中存在的问题，及时调整企业计划，增强企业的创新意识，进而引发企业商业模式创新。

动态能力是营销动态能力的基础，营销动态能力是在动态能力中发展而来，由于营销动态能力仅包含创造和传递顾客价值的跨部门商业流程，还不能全面覆盖整个的营销流程。因此，有必要在整个企业网络内形成并传播有关顾客、市场、竞争对手、环境变化、渠道成员、联盟成员和网络社区的知识，丰富对营销动态能力的认识。营销动态能力首先是一种动态能力，其次是企业在应对激烈的市场竞争时，创造和传递顾客价值的跨部门商业流程具有的反应性和效率。营销动态能力是企业应对动荡环境的核心竞争力，是促进企业商业模式创新的主要驱动力。营销动态能力蕴含在企业流程效率中，通过各流程部门或企业间的协调与联络，促进企业商业模式创新。

第二节　服务业行业商业模式创新管理启示

本节依据案例研究部分，提出了服务业行业商业模式创新管理启示。分为四部分：第一部分通过 EEDS 银行的案例研究，拓展性地提出金融业的商业模式创新管理启示；第二部分通过 XWY 餐饮的案例研究，拓展性地提出餐饮业的商业模式创新管理启示；第三部分通过 ZQL 旅行社的案例研究，拓展性地提出旅游业的商业模式创新管理启示；第四部分通过 SN 电器的案例研究，拓展性地提出商业平台服务业的商业模式创新管理启示。

一、服务业行业的特点

服务业行业的特点决定了服务业更易于进行商业模式创新。服务业是随着商品生产和交换的发展，继商业之后产生的一个行业，具有无形性、不可存、相互依存等特点，即服务是无形无质的，这一点区别于有形产品的特征，但服务业并非可以脱离其他行业。相反地，服务业与其他行业互为依存，相互渗透融合，且生产与消费同时同地进行。这样的特点决定了服务业行业可以更加深入地洞察消费者需求，挖掘市场潜力，指导企业及时做出战略调整，而相互依存性也使得服务业行业与其他行业以及相关利益共同体间的价值链由简单的线性结构拓展成纵横交错的价值网络。这些正是营销动态能力培养与企业网络建立的运用，前几章的论述也明确表明，营销动态能力与企业网络的匹配更易于企业进行商业模式创新。

本书选择的四个行业均为服务业的典型行业。其中，金融业属于典型的资金密集型行业，被视为支撑行业经营的血液；餐饮业和旅游业属于典型的人力密集型行业，中国作为世界上劳动力资源最丰富的国家，发挥人力密集型优势符合我国战略需要；商业平台服务业通过搭建一个信息化网络平台，实现线上线下的融合联动，是未来企业发展的必然趋势。因此，本节通过对这四个服务业典型行业的商业模式创新发展提出对应的管理启示，为未来服务业创新发展提供导向。

二、服务业各行业商业模式创新管理启示

（一）银行业商业模式创新管理启示

1. 明确顾客需求，创造有效顾客

企业利润源是企业的生命血液，建立稳定的客户群和客户来源是非常有必要的。首先需要对客户群体明晰界定；其次要形成一定的规模，有一定客户群规模的企业，在激烈的竞争中才能保持优势；最后，企业要对善于洞察客户群的需求和偏好，挖掘市场机会。

企业要紧跟消费思潮变化的脚步，及时掌握新的消费趋势。在金融行业经营的过程中，运用大数据整合技术，跟踪消费者当下的需求偏好及购买行为，把握顾客的真实需求，针对不同的企业客户群分别设计相应的业态，加强客户黏性及销售的针对性，优化商品与服务组合，实施差异化营销。健全回头客机制，提供更能满足客户需求的产品，通过提升客户体验感受，提高客户参与率，实现客户来锁定创造有效顾客。

2. 提高信息技术水平，提升经营理念的现代化程度

随着经济全球化的发展，市场空间变大，机会增多，有利于企业挖掘潜在用户需求，但同时这些企业也都在应对来自本行业、本国家乃至世界强企所发出的竞争和挑战。因此，企业的信息竞争力对企业总体竞争力起着至关重要的作用，企业可以通过提高信息技术水平获得竞争优势，即提倡金融业根据自身发展状况结合互联网的发展情况，加强大数据技术、物联网技术、云计算以及人工智能等高新技术的应用程度，对开发新产品以及改进销售流程提供支撑，深度应用生物识别、虚拟现实等技术扩大消费者互动场景，同时激励产学研相结

合，促进科技成果向商用转化，推动金融业发展。

3. 有效整合内外部资源，优化价值链体系

有效整合内外部资源，拓大企业生存空间。大数据时代的知识更新加速了技术和经营的创新，通过企业之间的合作与联盟，可以拓宽彼此的生存空间，把市场做得更大，增强双方的市场竞争力。同时，企业应重新审视自身价值链各环节，以核心竞争能力为起点，完善价值链增值体系，不断加强与供应商的合作业务，建立供应链的新合作观念。

从单赢到共赢，增强价值链中各企业创造和保持竞争优势的能力，向供应链成员传递信息，有效实现供应链成员间的信息高质量共享模式，争取供应链整体利益最大化，供应链成员间利益最大化，从供应链管理方面获取利润。

（二）餐饮业商业模式创新管理启示

互联网经济的核心内容不仅局限于物理上的网络连接，更是促进个体之间的情感交流的手段。餐饮行业作为最贴近大众群体的行业，也是最能传递我国餐饮文化的方式，理所当然的被推到了互联网转型的最前沿。大众休闲餐饮在现阶段餐饮发展中的地位越来越高，行业中也出现了许多富有互联网特色的模式，这使得餐饮业卷入了一场巨大的互联网浪潮当中。

1. 转变思维方式，贴近消费者需求

对于餐饮行业的商业模式创新，首先要了解消费者的需求和消费偏好，仔细分析哪些是忠实的消费群体，哪些是高贡献的消费群体，有针对性地设计不同的产品和体验来满足不同群体的需求，研发新的菜品，从视觉和嗅觉上吸引消费者。其次要转变思维方式，发挥餐饮企业的互联网基因，针对消费者的需求设计自身的产品、服务、环境等重要因素，使消费者在品尝美味的同时，能够接受餐饮企业文化，从而产生共鸣、持久的信任并提高对该餐饮企业的忠诚度。

知识有显性知识和隐性知识之分，在知识经济时代，隐性知识对企业发展非常重要，有效提升对隐性知识的重视度可以使得企业成本降低，也间接性地提高了企业的核心竞争力。餐饮企业的隐性知识即对新菜品研发的诀窍和灵感，服务过程中的经验以及技巧等，因此，企业管理者要鼓励员工把隐性知识显性化，并将这些知识纳入知识管理系统中，举行定期例会，把前厅部、厨政部等部门人员集中起来进行经验交流，记录先进的知识、经验、技巧等并归档，以便后期的查询与调用。

2. 打造全服务链模式，提高消费者满意度

为了迎合消费者的诉求，餐饮企业一定要有能让消费者眼前一亮的菜品、服务、环境的综合实力，通过线上渠道让自家的企业文化抓住消费者的眼球，促使消费者到线下体验，通过包含文化元素的产品吸引消费者，尽可能让消费者加入企业的管理活动中来，从菜品的研发到就餐环境的布局、营销活动、营运标准，都包含着消费者的反馈意见。

售前阶段的全服务链模式，乃是消费者接触餐饮企业的一线阵地，其首要责任就是吸引和管理消费者，加强消费者对餐饮企业的了解，为消费者创造购买产品的条件，同时赢得消费者对企业文化、理念、价值观的认同，促进对线下门店的人流转移，确保线下门店稳定的收益。

售中阶段是展示餐饮企业文化的重要环节，此阶段通过门店的产品、服务、环境给消费者带来全方位的体验。每一环节上的精心设计，都是以获得消费者满意为最终目标，只有提高了顾客满意度，才能增加企业的回头率。因此，餐饮企业在加强食品质量安全管理的同时，应严选供应的消费食材，严格把关每一个供应链环节。同时还应注重店内气氛的渲染，按照市场营销学的理论，店内气氛对于顾客的购买欲望以及重复购买都起着至关重要的作用。优化服务环境和服务质量，良好的服务状态有助于餐饮业在同行竞争中占取市场地位，由此可知，标准化一条龙的服务、快速的响应以及优秀的服务质量无疑能使餐饮企业得到顾客的认可。通过学习海底捞的经验，其管理过程中结合了菜品、服务、就餐环境的设计，赢得了消费者的认同，为企业进一步的发展提供了无限的可能。

售后阶段最重要的目标就是让那些进店体验过菜品、服务和就餐环境的消费者，在离店后仍然愿意参与企业的管理过程中去，注重消费者的消费感受与评价，并将消费者的意见作为不断完善与优化内部管理的驱动力。XWY 餐饮的"家庭牧场"计划，让消费者在家庭牧场的官方网站线上认购一只羔羊，线下由 XWY 餐饮在内蒙古大草原上代为饲养，对羔羊从养殖、加工、销售到登上餐桌，消费者都能实时看到，当小羊长大之后，交由 XWY 餐饮屠宰、分割，最后通过冷链物流配送到消费者家里，这一系列的过程增加了消费者参与度，从而实现了网上卖活羊的战略构想。

3. 改变人力资源战略，扩张人力资源范围

餐饮行业属于服务业中典型的劳动密集型行业，以顾客为中心，做到菜品新颖，种类多且能够满足各种消费者的喜好。因此，餐饮企业有必要重视高层次员工的招聘和培养，餐饮企业可以通过"互联网＋"这一优势条件，在调整餐饮企业的人力资源战略、组织结构、企业文化的基础上，创新餐饮行业商业模式创新，把引进、培养人才作为餐饮企业未来发展战略中的重要任务。进一步扩大人力资源的范围，通过使用全新的人力资源管理体系标准来统一行业资源，从而达到商业模式的创新，特别是缺乏人才的餐饮行业。餐饮业的从业人员忠诚度普遍较低，客户忠诚度也欠缺，所以建立餐饮业行业人才信息库，可以对全行业的人才实行动态预测、规划、组织、协调和指导，进而提供人才信息服务，为企业带来充足的人才流、信息流、创意流，充分利用消费者的反馈来实现商业模式创新的目标，创造健康的餐饮行业生态圈。

（三）旅游业商业模式创新管理启示

1. 赢得顾客，创造优势

著名营销学教授菲利普·科特勒，把"定制"称为21世纪营销领域最新的成果之一。对于"定制"的定义，一般认为是企业均是大规模生产化，将目标顾客进行细分，每一个顾客都是不同的细分市场，企业需要根据每个人的差异化需求进行针对性的生产，以满足每位顾客的需求。"定制旅游"是依人而异、依地而定、依时而动地针对个人差异化需求而制定符合旅游者个性化需求的旅游产品。随着定制化自主旅游的发展，定制化的需求重塑了旅游业的商业结构，它将成为未来旅游发展的主要方向。旅游商业模式也会逐步从产品的简单打包，慢慢转变为内容丰富，市场区分明确，更能满足消费者需求的深度体验模式，从而进一步影响旅游业原有的市场结构、产品体系、营销机制、人力资源等多个方面。

2. 创新发展体制机制，大力实施"旅游+"战略

将旅游与文化深度融合，实施"旅游+文化"的发展模式。旅游企业可以制定长期的发展规划，不要局限于现在，善于以发展的眼光挖掘特色的旅游文化资源，不断根据当地的文化特色创新文化旅游产品，抓住国家发展需要以及国家政策支持，增设旅游产业发展基金，实施"旅游+金融"计划。允许以景区的经营权、销售合同、门票收入、土地使用权、林权等办理贷款业务，大力支持金融机构在旅游景点分设网点，鼓励网上商城、线上支付等项目，打造智慧旅游平台，实现金融旅游计划。

（四）平台型企业商业模式创新管理启示

1. 深度嫁接互联网技术，实现协作共赢

"互联网+"时代，客户对平台企业逐步产生依赖，平台企业的发展空间迅速提升。因此，平台需要采用更加高效的管理手段，将互联网技术融合到企业发展过程中，实现与互联网金融的完美对接。平台经济具有开放性，为企业的发展带来巨大的发展空间，最大化地扩展企业边界化。因此，选择相关的平台边界对于平台型企业商业模式创新成功是至关重要的。

利用大数据挖掘，充分分析出当下市场需求和市场竞争的现状，为决策层提供决策依据，企业便可以时刻保持良好的发展势头并不断调整发展的方向。利用高科技技术手段，以客户的购买偏好及实际需求为中心，为客户量身打造业务；优化线上线下业务流程，使其完全标准化，提升客户服务人员的专业水平，为客户提供方便快捷的服务；完善服务终端，推出更便携、更智慧、更具针对性的支付体验，满足客户的个性化、快捷性的需要。扩展上下游企业的资金问题，保证自身强劲的资金流。例如中信银行提出的"供应链金融"，针对上下游企业实行综合授信，由生产厂商转变为银行代理商，对上下游企业的资金困难提供保障。

2. 培养金融科技领域专业人才

各大互联网金融巨头纷纷联手银行开展战略合作，百度与农业银行签署框架性协议并组建"金融科技联合实验室"、阿里巴巴与建行结成战略合作伙伴、京东与工行掌门人会晤并就金融科技达成合作、腾讯与中国银行宣布成立金融科技联合实验室，共建普惠金融，科技金融。毋庸置疑，金融科技人才能够引领平台型企业发展。现代金融业逐步向知识密集型转化，对金融产品创新的人才需求正在增加。在产品研发阶段，开发人员面对着复杂多变的金融市场，只有熟悉各类金融产品，掌握着扎实的理论，同时数学功底深厚并且对市场信息敏感的专业人员，才最有可能根据市场情况开发出具有可行性的创新产品。在产品推广阶段，研发人员则需要具有敏锐的洞察力，善于观察市场发展趋势，及时对战略规划进行微调，创新金融产品多样化。

但是，专业人才来源仍然有限，专业的培养体系还十分欠缺，仍与行业的快速发展存在着差距，尤其是高校学科体系设置相对滞后，行业人才供给存在巨大的缺口。根据此种情况,不能仅依靠社会培训机构的建立,还要加强校企沟通,保证人才培养体系的有效构建。

第三节　政府促进服务业商业模式创新管理启示

随着社会主义建设的不断推进,我国服务业实现了突飞猛进的发展。服务业的快速发展不仅弥补了第三产业的欠缺,还解决了大量的就业问题,推动了我国经济的发展。然而,在我国服务业高速发展的过程中,仍存在着各种各样的问题,例如服务质量、服务效率、服务行业架构等方面的问题。因此,政府作为宏观环境的调控者,应在政策方面增加完善有关商业模式选择和创新的管理启示,促进国民经济的现代化发展。

一、优化内外部结构,重塑价值体系

对于企业网络的建设,一方面应该注重企业价值链的整合,另一方面要发展企业战略联盟与合作,这样就可以形成线性的价值链,进而将纵横交错的价值链汇织成复杂的企业网络;企业也应该重视营销动态能力的建立,随着经济的快速发展,消费者的需求也变得多样化、个性化,企业自身应培养洞察市场变化的能力,敏锐挖掘潜在的消费需求,赢得市场先机,这些都是政府在优化资源配置时应注意的问题。此外,现代服务业发展水平不均,一些沿海城市的服务水平高于内陆城市,针对这种情况,政府可以通过政策优化地区之间的人员配置、资源配置及结构配置,缩小服务发达地区与弱势地区的差距,实现各地区的均衡发展。

二、深化产学研合作,促进区域协同创新

商业模式创新行为不局限于企业、行业,更是国家层面的选择和

创新行为，作为国家创新体系、产业创新体系以及系统绩效的主导方式，建立产学研合作的协同创新机制是商业模式创新的有效方式。

大学和研究所拥有众多异质性知识和资源，产学研合作能有效促进异质性知识的转移和共享，快速获取新技术和新知识，提升知识的增值水平，强化企业创新能力。因此，政府应积极发挥其导向作用，推广产学研合作模式，为校企之间的合作搭建平台，提供资金和技术支持，鼓励彼此交流经验，触发新思想与新知识，提高服务业商业模式创新能力。台湾新竹科学工业园毗邻众多大学及研究所，区内外科技资源与产业相互配合，政府作为新竹创新建设的主导力量，不断致力构建及完善创新体系，推动"产学研"结合。日本东京大学与JX日矿日石能源、索尼、东丽和爱信静机四家企业联合，共同组建研发合作组织，开发出轻型价廉的新一代有机太阳能电池。这些成功案例增加了我们对产学研合作的信心，我们相信产学研合作将会成为促进服务业发展的重要手段。

三、加大改革力度，消除制约服务业发展的制度性障碍

支持重点行业发展。依据现代服务业产业指导目录，应对服务业重点企业在项目审批、土地供应、资金支持等方面予以重点倾斜。现代服务业正朝着高水平的态势发展，国家应该正确引导并推进优惠政策的实施，鼓励企业加大对金融业、银行业、信息服务行业等高新技术产业的投入力度，支持新办服务外包、软件和信息服务企业引进新型技术和设备，加强科技创新能力，进一步提升本土服务业企业的国际竞争力。

扶持中小企业发展。中小企业作为新兴产业商业模式选择和创新的重要主体，是服务业发展的重要力量。高成长性的特点使得中小企业在服务业的地位根深蒂固，例如硅谷的成功发展不在于以大型企业为龙头的产业集聚，而是由众多创业成长的中小企业形成。但是中小企业往往能力有限，无法准确跟踪所属行业的最新技术，也就判断不

出未来技术发展方向，这时政府可以制定和完善中小企业的法律、金融、税收等政策体系，允许中小企业参与行业市场的竞争，促进发展政府模式的成功实践。

加强科技供给，增强自主创新能力。众所周知，科技投入是科学研究和技术创新的重要基础，是推动前沿技术进步的基本要素，是技术进步和生产率提高的根本保证。在加大财政对技术创新和科技投入支持力度的同时，各级政府可以考虑建立相关的激励投融资制度，采取有效措施对政府资金及民间资金进行合理引导，吸引各类资金科学有序地投向服务业产业发展领域。各级政府部门应引导我区服务业相关企业从战略的高度出发，在促进企业发展的合理范围内加大科研投入，保证企业技术创新的资金需求。同时，加快建设公共科技服务体系，助力企业提升技术能力、创新能力与效率。可借鉴国际上的成熟经验，根据我国的产业发展实际，进行适应性制度创新，设立高水平的工业技术研究院，推动传统制造业基础技术与共性技术的研发与推广；考虑组织认证专门的、具备丰富生产管理经验和现代工艺知识的专家队伍，为企业提供技术服务、质量管理、现场管理、流程优化等方面的咨询与培训，让企业能够更快速获得成熟先进适用技术及相应的管理咨询服务；创新运作模式，帮助企业掌握成熟的先进适用生产工艺、自动化技术或柔性生产技术以及与之相适应的管理能力，帮助企业更为务实有效地提升技术能力、效率与竞争能力；推进互联网、大数据、人工智能等新一代信息技术与制造业融合发展，更多采用成熟的自动化技术、信息技术与智能制造技术，开发和推广先进、经济的适用性技术。从创新的方式来看，根据我国服务业不同发展阶段，针对不同产品和不同的技术领域分别采取自主创新、模仿创新和合作创新三种不同的模式，扬长避短，实现技术创新与技术改造相结合，自主创新与模仿创新、合作创新相结合，从根本上提高我国服务业的技术研发能力。

摒弃旧体系，发展新体系。政府要努力建全及完善社会监督制约及行业自律协调的监管体系，形成高效、严密的全方位监督体制。国家应当制定新的法律法规，弥补空白区域的监管缺失，完成一系列法律行为的立法工作，可以在运营监管、市场准入要求、变更行为规范、机构重组与兼并、违规整顿、市场退出等方面制定法律。同时，也应摒弃旧思维，打造一个良性竞争、开放先进的新型市场体系。对于旅游业而言，现如今的旅游模式逐渐摒弃了开发单一景点和提供游乐设施的老套路，越来越多的旅游企业已经开始在旅游当中融入文化、教育、体育、餐饮、地产等多种相关业态，构建起以旅游业为首的区域综合发展的战略架构。国家大大放松了对旅行社业务的管制，根据"放管服"改革的基本原则，国务院再次对《旅行社条例》做出了修改，对旅行社设立的审批工作流程做出了重大改革。国务院对旅游行业的简政放权政策以及对相关法律法规的多次修改，扫除了旅游行业商业模式创新的制度性障碍。对于平台型企业而言，要总结规律与教训，学习先进的做法，更加深入地探索国际平台型企业的发展之路，建立出一套公平公正合规合法的制度，解决要素整合与资源协调的问题，以有效促进参与者之间的信息、知识、资源共享，实现良好平台治理。

四、加强对外开放，促进新兴产业发展

加大服务业对外开放力度，利用多种方式和渠道吸引生产要素投入现代服务部门，提高竞争水平，加快产业转型升级。对于有助于服务业产业升级、扩大就业、符合条件的企业，政府可鼓励或通过政策调动民间资本进入。建立公平高效、服务规范的市场监管体制，统筹推进产业发展总体规划，全面清理涉及服务业的行政事业性收费。政府应健全完善行业自律体制，减少和避免因无序竞争引起的设施建设和社会资源的浪费。目前国际服务业已涉及信息技术服务、金融、保险、旅游、餐饮等多个服务领域，我们应承接国家服务业转移的步伐，引进跨国服务机构以及附带的人力、资金、管理、制度等。

现代服务业作为新兴产业的主导力量，其商业模式的选择和创新要以新型基础设施建设为主，国家已出台多项有关推动新型基础设施建设的政策，中国新型基础设施建设已取得显著成效，但涉及新兴行业，如现代服务业的准则仍应进一步完善，如加快推进5G网络部署和全国一体化大数据中心建设；稳步推进传统基础设施的"数字+""智能+"升级；超前部署创新基础设施。此外，通过试点示范、合规指引等方式，加快服务业成熟和设施完善，激发各类主体的投资积极性。

五、重视科技创新人才培养

现代服务业的发展需要大批高素质、专业化科技人才作为支撑，服务业商业模式的创新和选择往往是由创新创业的人力资源推动的。专业人才是由高校培养而成，这与国家的政策息息相关，社会需要什么样的人才，国家就应制定相应政策优化教育资源配置，为市场提供真正需要的人力资源。此外，加强吸引纳入专业人才的政策扶持力度，围绕打造九大产业集群，加大创新人才、高水平创新团队的引进培养力度，鼓励引导高等院校增设现代服务业紧缺专业，加快培养金融、物流、电子商务、服务外包等现代服务业专业人才；鼓励现代服务业企业增设各类科技研发机构和增加科技投入，调动社会各方面的积极性，建立多渠道竞争的人才培养机制，做好人员定岗及升职方面的工作，建立高水平的优惠政策，尽最大所能满足教学人员的需求以免除其后顾之忧。同时，政府还可以聘请海外人才对我国服务业发展进行评价和指导，传授国外服务业创新创业人才的培养经验，保证现代服务业所需的专业人才能够尽快投入和适应到服务业的工作中去，提高服务业队伍的专业水平和整体素质。

六、营造商业生态，推动数字化转型

首先，强化服务业企业的培育。企业是产业生态中最基本的主体和载体，是营造产业生态的出发点和落脚点。一方面要做强企业，支持企业苦练内功，通过市场化途径聚集优势要素，整合行业资源，提升竞争实力，推动大型企业向平台型企业转型。另一方面要培优中小企业，尤其要加强对特色中小企业的培育，加强对创新企业的扶持。

其次，发挥服务业规模市场的作用，吸引海外高端产业链落户。以实施外商投资法等为契机，提高政府服务水平，切实加强包括知识产权在内的产权保护，进一步改善外商投资环境，吸引更多的海外高端企业落地，形成先进服务业体系，拓展服务业上下游的发展空间，更好辐射并稳定全球产业链和供应链。政府还要支持有条件、有实力的服务业企业积极投资海外市场，加强与国外一些先进企业和研发机构的投资合作，以此带动提升我国服务业的开发实力和科研能力。

最后，巩固提升服务体系独立完整的优势，进一步优化全产业链发展布局。一是结合我国国情，充分发挥我国自然资源禀赋优越和区域经济发展基础扎实的优势，更好挖掘产业结构梯次转移的空间潜力，同时立足于发掘我国大规模和不同层次结构的市场需求的潜力，更好引导要素资源有效配置。二是科学制定区域空间布局规划，健全区域经济协调发展机制，引导区域根据不同的资源禀赋和要素条件，因地制宜，发挥比较优势，优化生产力布局，完善我国产业链和供应链，促进服务业转型升级。三是通过更加有力有效的财税、金融、技术支持政策，引导、支持市场主体根据产业发展需要进行合理的、经济的产业链和供应链布局，推动我国服务业数字化转型。

▶ 第十章 ◀

研究结论及未来展望

商业模式创新是企业增强竞争力、国家提高综合国力的重要问题。本书的目的在于探讨商业模式创新的理论机制，帮助企业如何通过构建企业网络、培养营销动态能力进而驱动商业模式创新。紧紧围绕这一主题，本书以数字化转型为研究背景，以服务业企业为研究对象，运用案例研究方法，构建了基于企业网络与营销动态能力的商业模式创新模型，深入探讨了商业模式创新机制问题。

基于前述第一至第九章的研究内容，本章的目的在于归纳前述研究的研究结论，概括本书的研究贡献，并在此基础上进一步总结研究局限，展望未来研究的方向。

第一节　研究结论及贡献

本书以企业网络理论、营销动态能力理论、商业模式创新等相关理论为基础，基于数字化转型背景，运用案例研究方法，构建了"企业网络—营销动态能力—商业模式创新"的理论模型，并利用 200 多家中国服务业企业的数据实证检验了该理论模型，本节将在全面总结案例研究与实证研究的研究结论的基础上，进一步提炼本书的理论贡献。

一、研究结论

根据前述的理论分析、案例研究以及实证检验结果，主要得出以下结论：

第一，数字化转型背景下，包括顾客、供应商、竞争对手在内的企业网络是商业模式创新的资源基础，商业模式创新的过程就是企业网络不断演进变化的过程。

在全球化发展中，企业竞争全面升级，由一家企业独立完成一项产品或服务的开发、设计、制造和销售的时代早已成为过去，企业已经不再是一个自给自足的独立个体，对包括以获取价值为目的而形成的企业网络在内的外部依赖性越来越强。企业正逐渐成为各种企业网络组织中的一部分，如战略联盟、虚拟企业、企业集群等。因此，企业间的竞争已经从单一企业间的竞争全面升级为一个包含有供应商、竞争者、渠道商、服务提供商等的企业网络的竞争。因此企业的商业模式创新说到底其实是企业网络的商业模式创新问题，企业网络作为一种介于企业与市场之间的第三种制度安排整合了企业和市场二者的长处，具有互补性、相关性和互惠性等特征。通过案例研究发现，商业模式创新的过程就是企业网络不断演进变化的过程。企业网络发展的阶段性特征与商业模式发展的阶段性特征具有协同一致性。在企业网络构建阶段，企业资源集中和内部价值创造组合是引发商业模式创新的核心条件；在企业网络成长阶段，资源整合和企业能力培养组合是引发商业模式创新的核心条件；在企业网络成熟阶段，价值协同创造和网络体系建立组合是引发商业模式创新的核心条件。因此，在构建阶段企业网络往往相对结构简单，以纵向发展为主，核心企业缺乏对外交流沟通，企业网络内的成员数量及种类较少，也因此导致了企业网络内存在的知识与资源稀缺；在成长阶段企业网络已经初具规模，核心企业对外交流增多，企业网络在横向方面有所延伸，形成板块形式，并由于企业网络成员种类数量的增加，网络中存在的信息和资源丰富，因此网络具有了一定的功能，如降低成本，组织学习等；在成熟阶段，企业网络更为立体，形成了复杂的网络生态系统。交易内容、交易方式和交易结构的改变是推动企业网络演进的根本原因。进一步的，本书通过实证分析发现，企业网络作为企业商业模式创新的资源基础，不同的企业网络结构属性会直接影响商业模式创新的路径，实证结果表明，网络规模、网络中心性、网络关系和网络密度均对商业模式创新具有正向影响，其中以网络中心性影响最为显著。因此，企业应根据其所处的创新网络特征选择适合的商业模式创新路径。

第二，营销动态能力是企业应对动荡环境的核心竞争力，是促进企业商业模式创新的主要驱动力。

营销作为为顾客创造和传递价值的企业不变的经营理念已经成为管理学界和实践界的普遍共识，而在竞争加剧、顾客需求迅速变化的动荡市场环境下，将动态能力转化为一种营销过程就显得十分重要。因此，理论界学者在动态能力理论基础上进一步提出了营销动态能力的概念（Linda et al.，2005），后由国内知名学者许晖教授研究团队进一步发展了营销动态能力的相关研究（补充营销动态能力相关文献），国内外的研究均认为在动态环境下营销动态能力对于企业应对动态市场环境有重要意义。与此同时，客户需求的不断变化也使得企业不断进行商业模式创新，以更好地应对市场变化，因此，无论从理论上还是实践的需要上，营销动态能力帮助企业应对市场变化，促进了企业商业模式创新活动。本书发现，营销动态能力蕴含在企业流程效率中，通过各流程部门或企业间的协调与联络，促进企业商业模式创新。实证研究结果表明，包括产品研发流程、顾客关系流程以及供应链流程在内的营销动态能力各维度均对商业模式创新具有正向影响，营销动态能力促进商业模式创新产生的作用方式是通过商业模式创新的四个方面即价值主张模式创新、价值创造模式创新、价值传递模式创新和价值实现模式创新从而促进企业商业模式创新。

第三，企业网络与营销动态能力的匹配是驱动企业商业模式创新的重要动力机制。

企业网络已经成为经济全球化背景下主要的竞争组织形式，企业商业模式创新实质是企业网络的商业模式创新，与此同时，营销动态能力是企业应对动态市场环境的核心竞争力，帮助企业更好地满足不断变化的顾客需要，也成为促进企业商业模式创新的重要驱动力。本书发现，企业网络是商业模式创新的资源基础，而营销动态能力是商业模式创新的动力，将二者结合起来即是从资源与能力的匹配视角来探讨商业模式创新问题是本书的一大亮点，一定程度上解决了已有商业模式创新研究视角单一或片面的问题。本书运用案例研究方法，探索了商业模式创新的全过程，研究发现，在企业商业模式创新的不同阶段，企业网络与营销动态能力匹配的形式不同，所带来的商业模式创新程度和结果也不同。具体来说，在企业初创阶段，企业网络中的成员间关系多数是交易关系，企业商业模式创新需要有选择的与交易相关企业网络成员间发生，与此同时，营销动态能力体现在流程效率中，通过流程效率调整企业网络成员间的关系，进而促进企业商业模式创新，因此，该阶段企业网络与营销动态能力通过选择性匹配促进商业模式创新；在企业成长阶段，企业网络更加成熟，网络成员相对固定，网络成员间的交互性影响加强，同时，营销动态能力也进一步表现为交互影响下流程效率的提升，因此，该阶段企业网络与营销动态能力通过交互性匹配促进商业模式创新；在企业成熟阶段，企业网络发展成为一个整体系统，营销动态能力更表现为整个企业网络系统的管理效率，因此，企业网络与营销动态能力通过系统性匹配促进商业模式创新。总之，企业网络与营销动态能力的匹配是驱动商业模式创新的重要动力机制。

二、研究贡献

本书的研究贡献主要体现在理论贡献和实践意义两个方面：

（一）理论贡献

本书的理论意义来自商业模式创新机制问题的关注，融合动态能力理论、资源基础理论、战略选择理论等多学科理论，运用长期追踪的案例调查和统计分析为主要研究方法，探究数字化转型背景下企业网络和营销动态能力对商业模式创新的影响。通过上述问题的分析，本研究有助于构建服务企业商业模式创新机制模型，从理论层面推进服务企业数字化转型研究。

第一，从企业网络视角补充了商业模式创新方面的研究。以往的研究对象过多关注企业层面，忽略了与商业模式创新息息相关的利益相关者网络；而商业模式创新作为价值创造的源泉，已跨越企业和产业边界。本书区别于以往以单个企业为分析单元的研究，以包含利益相关者在内的企业网络为研究单元，探讨企业网络对商业模式创新的影响，在一定程度上拓展了商业模式创新研究的研究对象边界。

第二，运用多案例研究方法构建企业商业模式创新影响机制模型，服务于商业模式创新机制的前因研究。商业模式创新是一个不断演化、持续变形且环节复杂多变的过程，在企业进行商业模式创新过程中，受不同因素的影响会形成不同的创新机制。本书运用多案例研究方法，选取区域金融、旅游、餐饮等多个服务业行业代表性企业，深入探讨商业模式创新机理，总结了不同服务业企业的商业模式创新路径，并从企业发展演进视角探索了不同发展阶段驱动企业商业模式创新的要素，补充了商业模式创新的过程性研究。

第三，整合营销学者和战略学者对商业模式创新的研究，结合企业网络、营销动态能力等相关理论，发现企业资源和能力是服务企业商业模式创新的必要基础，从而构建了企业网络与营销动态能力相匹配视角下的一般性商业模式创新理论模型，以打开服务企业商业模式创新过程的"黑箱"，增强了商业模式创新理论的适用性。

（二）实践意义

我国服务业往往容易受到管理思维惯性和对外技术依存度过高的影响，而忽视自身行为产生的重要作用，常常遭受因盲目发展而导致市场份额占比小、利润下降，甚至脱离社会变化方向逐渐被市场淘汰的风险。通过成功预测并提早介入服务企业的商业模式创新，可以加快推动我国服务业快速发展，具有一定的实践意义。

第一，企业应注重发挥企业网络与营销动态能力二者相结合来促进商业模式创新。根据上述研究结论可知，基于企业网络与营销动态能力，即二者相结合可以有效地实现企业内外部资源与能力的整合与配置，可以为商业模式创新提供所需的创新资源以及重要的驱动力量，进而促进商业模式创新。然而，企业网络作为一种网络资源是商业模式创新不可或缺的前提因素和重要基础，而这种单一的网络资源难以直接对商业模式创新产生较大的正向影响，即网络资源需要营销动态能力来识别和驱动才能转化为竞争优势，并且从流程观的角度来看，营销动态能力本身就是一种流程和惯例，它可以通过商业流程将内部的市场性资源转化为企业进取的竞争优势。并且在动态的外部环境中，它还可以促进各种营销资源充分的整合与重组，以适应市场需求，赢取竞争优势，成为商业模式不断创新的重要基础。因此，在促进商业模式创新的发展过程当中，要积极发挥营销动态能力对企业网络的识别和驱动作用，使资源与能力二者相结合来促进企业商业模式创新。

第二，企业应以企业网络作为商业模式创新的资源基础，来持续促进商业模式创新。商业模式创新是企业竞争的根本和核心，而当今企业间的竞争形式已经转变为复杂企业网络之间的竞争，同时，网络资源的供给也成为企业竞争的前提和基础。复杂的网络资源即较强的网络关系强度、稠密的网络密度、庞大的网络规模和良好的网络中心性所反映出的资源优势可以提升企业竞争优势，促进商业模式创新发展。因此在商业模式创新发展过程中，增强网络关系强度，积极促进合作伙伴之间知识与信息的交流与共享，为商业模式创新提供更多的信息资源和创新机会；提高网络密集程度，促进网络成员间信息更好、更快地流动，提高企业商业模式的创新效率。扩展网络规模，提升企业获取创新资源的丰富程度，为商业模式创新创造更多所需的资源与机会。构建网络核心地位，增强网络成员对自身的依赖性，形成更多多样化、多层次的网络关系体系，为商业模式创新提供更多网络成员间的配合与协作。总而言之，从企业网络的关系视角和结构视角来促进企业商业模式创新。

第三，企业应注重从企业网络中挖掘资源优势以培育和构建企业营销动态能力。随着经济全球化的逐步深入，全球各要素资源实现快速流动与配置，世界各国不同地区的产业界限、行业界限变得更加日益模糊，市场竞争与合作的关系也变得更加动荡复杂。企业之间的对抗渐渐演化和升级为网络化模式之间的竞争，这个网络中包含了供应商、生产商、消费者等一系列利益相关者元素。现如今如何在动态的外部环境下，协调网络伙伴实现跨部门的商业流程，并提升跨部门反映效率，是企业面临也必须要解决的重要营销问题。因此，企业网络发展的意义不仅是通过网络成员优势为企业营销提供各种不同的网络资源，更重要的是对包含供应商、合作伙伴、经销渠道、顾客甚至竞争对手在内的多元化市场性资源进行充分整合，进一步从企业网络中攫取与市场变幻、客户需求相关的信息资源，提升企业对外部环境市场的动态获悉能力，最终依靠网络伙伴形成的共享协调机制来提高内部不同部门跨功能业务流程的效率，以培育和构建营销动态能力来应对动荡多变的国际国内市场消费环境。

第二节　研究局限及未来研究方向

为了确保研究方法的科学性、研究结果的确定性，本书在研究过程中严格遵循管理学科学研究范式，然而由于研究问题的复杂性和创新性，以及研究个体、研究条件的有限性，也不可避免地存在一些研究的局限。本节旨在对本书局限性进行总结，并进一步对未来研究方向进行了展望。

一、研究局限

第一，选取企业样本的局限。本书主要选取金融业、餐饮业、旅游业和平台业为研究对象，运用案例研究的方法对西部地区的企业进行针对性地探究，企业网络和营销动态能力如何匹配促进内蒙古服务业商业模式创新。尽管本书尽量选取有代表性的企业进行调研和研究，但研究仍存在一定的局限性，未来可以突破地区的限制，在研究内蒙古企业的基础上进一步向其他地区扩展，可以选取制造业、高科技企业等，以丰富案例研究对象。

第二，研究视角的局限。影响商业模式创新的因素较复杂，本书研究了营销动态能力，未来的研究除了营销动态能力这一因素，我们还可以考虑其他动态能力对商业模式创新的影响，选取技术创新动态能力、知识动态能力等，选取多角度和多因素研究商业模式创新问题。

二、未来研究方向

首先，从研究方法上，本书力图结合定性的案例研究法与定量的结构方程模型来开展研究，以确保研究结论的规范性，然而，两种方法在研究过程中仍不失相对的独立性，因此可能会造成测量变量与案例研究构念的差异性，未来研究应该更加注重定性和定量方法的兼容性和同一性，如定性比较分析法，不仅是定性与定量方法相统一的一种研究方法，更是一种组态研究，更适合系统性、全面性解释商业模式创新的问题。未来本书申请人将运用该方法继续商业模式创新领域的相关研究。

其次，从研究内容上，本书聚焦于商业模式创新的主体即企业网络中的核心企业，在商业模式创新过程中的驱动力量，未来研究应进一步拓展企业网络的研究边界，特别是企业网络中非核心企业在商业模式创新中的作用，可能会使得研究结论和问题更加丰富。

参 考 文 献

[1] 蔡春红，冯强．网络经济背景下企业价值网模块再造、价值重构与商业模式创新 [J]．管理学刊，2017（4）：28–40．

[2] 蔡莉．创业网络对新创企业动态能力的影响研究：组织学习的中介作用 [C]．中国管理现代化研究会．第四届（2009）中国管理学年会——创业与中小企业管理分会场论文集．中国管理现代化研究会：中国管理现代化研究会，2009：332–341．

[3] 蔡宁，吴结兵．企业集群的竞争优势：资源的结构性整合 [J]．中国工业经济，2002（7）：35–46．

[4] 陈寒松，陈金香．创业网络与新企业成长的关系研究——以动态能力为中介变量 [J]．经济与管理评论，2016，32（2）：76–83．

[5] 陈建平．审视苏宁云商模式 [J]．企业管理，2013．

[6] 陈莉平，陈菁．企业商业模式创新对竞争优势影响的实证研究——以动态能力为中介变量 [J]．福州大学学报（哲学社会科学版），2018，32（4）：19–28．

[7] 陈宁．营销动态能力与企业绩效关系的实证研究 [D]．辽宁大学，2013．

[8] 陈肖飞，苗长虹，潘少奇，等．轮轴式产业集群内企业网络特征及形成机理——基于 2014 年奇瑞汽车集群实证分析 [J]．地理研究，2018（2）：353–365．

[9] 陈玉娇，覃巍．企业网络化成长：理论回顾与展望 [J]．首都经济贸易大学学报，2017，19（4）：105–112．

[10] 程宏伟，冯茜颖，张永海．资本与知识驱动的产业链整合研究——以攀钢钒钛产业链为例 [J]．中国工业经济，2008（3）：

143 – 151.

[11] 程愚，孙建国. 商业模式的理论模型：要素及其关系 [J]. 中国工业经济，2013（1）：141 – 153.

[12] 池仁勇，郑瑞钰，阮鸿鹏. 企业制造过程与商业模式双重数字化转型研究 [J/OL]. 科学学研究，2021：1 – 20.

[13] 戴万亮，路文玲，徐可，等. 产业集群环境下企业网络权力、知识获取与技术创新 [J]. 科技进步与对策，2019，36（24）：109 – 117.

[14] 戴亦兰，张卫国. 动态能力、商业模式创新与初创企业的成长绩效 [J]. 系统工程，2018，36（4）：40 – 50.

[15] 邓华，李光金. 互联网时代包容性创业企业商业模式构建机制研究 [J]. 中国科技论坛，2017，4（6）：24 – 29.

[16] 邓瑛. 国际银行业发展的新动向——银行战略联盟 [J]. 经济导刊，2002（2）：38 – 41.

[17] 丁浩，王炳成，范柳. 国外商业模式创新途径研究述评 [J]. 经济问题探索，2013（9）：163 – 169.

[18] 董俊武，黄江圳，陈震红. 动态能力演化的知识模型与一个中国企业的案例分析 [J]. 管理世界，2004（4）：117 – 127.

[19] 董保宝. 基于网络结构的动态能力与企业竞争优势关系研究 [D]. 吉林大学，2010.

[20] 杜健，周超. 母国网络关系嵌入性与企业跨国动态能力——来自中国的经验证据 [J]. 外国经济与管理，2018，40（4）：43 – 55.

[21] 杜兰英，钱玲. 基于价值共创的商业模式创新研究 [J]. 科技进步与对策，2014（23）：14 – 16.

[22] 符莹，刘刊. O2O 创新环境下体验式商业模式的构建、问题与对策研究 [J]. 特区经济，2018（3）：145 – 150.

[23] 高金城. "互联网＋"时代武汉百货业商业模式创新的对策 [J]. 流通经济，2016（4）：1 – 3.

［24］高向飞，邹国庆．基于社会资本的企业间网络变迁［J］.
中大管理研究，2008，3（2）：78－93.

［25］高志军，刘伟，高洁．网络镶嵌、动态能力与第三方物流
企业的成长机理——以东方嘉盛供应链股份有限公司为例［J］.管理
学刊，2014，27（5）：54－60.

［26］龚丽敏，江诗松．平台型商业生态系统战略管理研究前沿：
视角和对象［J］.外国经济与管理，2016，38（6）：38－50＋62.

［27］郭净．国际化企业营销动态能力对竞争战略及绩效的影响
研究［D］.南开大学，2012.

［28］郭琳．基于价值链的商业模式创新演进机理研究［J］.价
值工程，2009（10）：72－73.

［29］郭笑春，胡毅．数字货币时代的商业模式讨论——基于双
案例的比较研究［J］.管理评论，2020，32（1）：324－336.

［30］郭毅夫，李玉苽．文化创意产业商业模式创新研究［J］.
商场现代化，2009（20）：14－15.

［31］韩永强，王毅．动态营销能力的层级地位及其演化研究
［J］.未来与发展，2010（7）：82－85.

［32］何乐飞．基于O2O的团购网站商业模式研究［D］.浙江：
浙江工业大学，2012.

［33］胡保亮．高管团队行为整合、跨界搜索与商业模式创新的
关系研究［J］.科研管理，2018，39（12）：37－44.

［34］霍红，吕爽，吴绒．"互联网＋"环境下生鲜O2O商业模
式分析——基于多案例比较［J］.商业经济研究，2018（4）：131－
133.

［35］霍雷云，范宸，马文志．基于价值链视域的企业转型研究
［J］.科技创新与生产力，2011（4）：65－67.

［36］纪春礼．营销动态能力的构成：中国国际化企业视角［M］.
北京：经济科学出版社，2011.

[37] 简兆权，李雷，柳仪. 服务供应链整合及其对服务创新影响研究述评与展望 [J]. 外国经济与管理，2013 (1)：37 - 46.

[38] 江积海. 国外商业模式创新中价值创造研究的文献述评及展望 [J]. 经济管理，2014 (8)：187 - 199.

[39] 江积海. 商业模式是"新瓶装旧酒"吗？——学术争议、主导逻辑及理论基础 [J]. 研究与发展管理，2015，27 (2)：12 - 24.

[40] 姜胜. 虚拟社区自组织演进研究 [D]. 清华大学，2007.

[41] 李二玲. 中国中部农区产业集群的企业网络研究 [D]. 河南：河南大学，2006

[42] 李剑玲，王卓. 商业生态系统商业模式创新 [J]. 学术交流，2016 (6)：124 - 129.

[43] 李进军. 经济转型背景下餐饮商业模式创新研究 [J]. 成都大学学报（社科版），2014 (3)：29 - 32.

[44] 李金凯，刘钒. 网络嵌入性对小微企业动态能力的驱动效应研究 [J]. 科学决策，2015 (10)：82 - 94.

[45] 李凌. 企业网络形成与演变的博弈论分析 [D]. 上海社会科学院，2006.

[46] 李巍. 营销动态能力的概念与量表开发 [J]. 商业经济与管理，2015 (2)：68 - 77.

[47] 李巍. 中小企业创新均衡对竞争优势的影响机理研究——营销动态能力的调节效应 [J]. 研究与发展管理，2015，27 (6)：10 - 18.

[48] 李巍，丁超. 商业模式创新驱动市场效能的机制研究——营销动态能力的调节效应 [J]. 商业经济与管理，2017 (4)：70 - 79.

[49] 李巍，董江原，杨雪程. 平台型企业商业模式创新的路径及实现机制——基于秒银科技的案例研究 [J]. 管理案例研究与评论，2018，11 (4)：333 - 348.

[50] 李巍，杨霄飞. 营销动态能力的构建机制研究——组织与

企业家因素交互视角［J］. 华东经济管理，2016，30（6）：129－134.

［51］李巍，周娜，丁超. 营销创新视野下营销动态能力的效用机制——基于"冷酸灵"的案例研究［J］. 管理案例研究与评论，2017，10（2）：178－190.

［52］李文. 服务创新与产业链整合驱动下的服务业企业转型研究［J］. 管理案例研究与评论，2015（12）：566－576.

［53］李文. 企业网络对营销动态能力的影响机制研究［D］. 南开大学，2013.

［54］李文. 战略管理理论在营销领域中的应用研究综述［J］. 合作经济与科技，2017，1（2）：85－87.

［55］李文，许晖，黄小飘. 组织学习与国际化企业营销动态能力构建——基于华为、海尔、联想的跨案例分析管理案例研究与评论［J］. 管理案例研究与评论，2013，6（4）：271－281.

［56］李宇，王俊倩. 产业链垂直整合中的创新驱动与创新绩效研究［J］. 财经问题研究，2014（7）：36－42.

［57］李瑜，谢恩，陈昕. 供应商网络技术异质性与企业知识获取：网络特征与吸收能力的调节作用［J］. 科技管理研究，2017，37（5）：191－197.

［58］李贞贞. 国内外关于商业模式创新途径的研究综述［J］. 今日湖北，2017（2）：58.

［59］李中梅，张向先，郭顺利. 移动商务环境下O2O用户在线评论有用性影响因素研究［J］. 情报科学，2017（2）：130－137.

［60］廉志端. 基于战略分析背景下的中国企业商业模式创新路径选择［J］. 经济研究，2014（5）：62－65.

［61］林春，陈章旺. 基于价值链的商业模式对企业营销影响的文献综述［J］. 时代经贸，2011（5）：29－31.

［62］林巍，王祥兵. 大数据金融商业模式的构成要素与创新趋

势 [J]. 经营与管理, 2016 (4): 24 - 26.

[63] 蔺雷, 吴贵生. 服务创新 (第 2 版) [M]. 北京: 清华大学出版社, 2007.

[64] 刘娌. 中小外贸企业商务模式创新探讨——一个基于万通公司的案例研究 [D]. 厦门: 厦门大学, 2012.

[65] 刘欣梅. O2O: 本地生活服务业电子商务发展之路探究 [J]. 经济研究导刊, 2014 (1): 103 - 104.

[66] 龙跃. 现代服务环境下制造服务创新的内涵与外延 [J]. 华东经济管理, 2012 (7): 67 - 70.

[67] 罗珉, 李亮宇. 互联网时代的商业模式创新: 价值创造视角 [J]. 中国工业经济, 2015, 57 (1): 95 - 107.

[68] 罗珉, 曾涛, 周思伟. 企业商业模式创新: 基于租金理论的解释 [J]. 中国工业经济, 2005 (7): 73 - 81.

[69] 孟迪云, 王耀中, 徐莎. 网络嵌入性对商业模式创新的影响机制研究 [J]. 科学学与科学技术管理, 2016, 37 (11): 152 - 165.

[70] 罗莹. 基于价值链分析的商业银行竞争情报模式研究 [D]. 天津: 天津师范大学, 2010.

[71] 罗作汉, 唐英瑜. 新创企业的商业模式创新研究综述与展望——一个整合性分析框架 [J]. 科技管理研究, 2019, 39 (2): 209 - 216.

[72] 吕文龙. 团购: 抛砖引玉 O2O [J]. 互联网周刊, 2011 (19): 26 - 28.

[73] 马蓝. 资源拼凑、双元创新能力与企业商业模式创新的关系研究 [J]. 科技管理研究, 2019 (16): 18 - 26.

[74] 苗东升. 系统科学精要 (第 2 版) [M]. 北京: 中国人民大学出版社, 2006.

[75] 倪渊. 核心企业网络能力与集群协同创新: 一个具有中介

的双调节效应模型 [J]. 管理评论，2019，31（12）：85 – 99.

［76］牛琦彬，邓玉辉.21世纪企业组织结构发展趋势分析 [J].中国石油大学学报（社会科学版），2006，22（1）：13 – 17.

［77］欧阳峰，赵红丹. 商业模式创新研究的演化路径与展望 [J]. 科技管理研究，2010（12）：12 – 16.

［78］戚耀元，戴淑芬，葛泽慧. 基于技术创新与商业模式创新耦合关系的企业创新驱动研究 [J]. 科技进步与对策，2015（21）：89 – 93.

［79］齐二石，陈果. 商业模式创新理论分类与演化述评 [J].科技进步与对策，2016，33（6）：155 – 160.

［80］祁明，陈俊君. 论O2O商业模式的演变轨迹、应用分类和发展趋势——万达转型阵痛的启示 [J]. 中国科技论坛，2017（2）：156 – 163.

［81］钱锡红，杨永福，徐万里. 企业网络位置、吸收能力与创新绩效——一个交互效应模型 [J]. 管理世界，2010（5）：118 –129.

［82］曲婉，穆荣平，李铭禄. 基于服务创新的制造企业服务转型影响因素研究 [J]. 科研管理，2012（10）：64 – 71.

［83］芮明杰，刘明宇. 产业链整合理论述评 [J]. 产业经济研究，2006（3）：60 – 66.

［84］尚金涛. 苏宁云商集团云商模式研究 [D]. 云南：云南师范大学，2014.

［85］时炳艳. 经济全球化下我国电子商务产业链模式选择 [J].改革与战略，2017（5）：134 – 136.

［86］时云辉. 核心企业网络演变与区域发展研究 [D]. 河南：河南大学，2005.

［87］宋光兴. 基于O2O模式的O2O网络团购现状分析及对策初探 [J]. 现代企业文化，2012（3）.

[88] 宋晶，孙永磊．合作创新网络能力的形成机理研究——影响因素探索和实证分析 [J]．管理评论，2016，28（3）：67 – 75.

[89] 宋立丰，祁大伟，宋远方．"区块链 +"商业模式创新整合路径 [J]．科研管理，2019，40（7）：69 – 77.

[90] 孙建昆．线上线下：另一种 O2O 的思考 [J]．互联网周刊，2011.

[91] 汤莉，杜善重．基于企业价值管理视角的商业模式与企业价值评估方法匹配 [J]．企业经济，2017（12）：77 – 83.

[92] 田雪，司维鹏，杨江龙．网络嵌入与物流企业服务创新绩效的关系——基于动态能力的分析 [J]．技术经济，2015，34（1）：62 – 68.

[93] 王聪．企业网络结构的实证研究 [D]．汕头：汕头大学，2002.

[94] 王德建．企业网络动态演进机制研究 [J]．山东大学学报，2009（6）：47 – 51.

[95] 王缉慈．创新的空间：企业集群与区域发展 [M]．北京：北京大学出版社，2001.

[96] 王缉慈．地方产业群战略 [J]．中国工业经济，2002（3）：47 – 54.

[97] 王金凤，王永正，冯立杰，等．创新基因学视角下商业模式创新方法研究 [J]．科技进步与对策，2020，37（1）：18 – 27.

[98] 王静．动态能力视角下的商业模式创新过程研究 [J]．运城学院学报，2018，36（2）：80 – 83.

[99] 王晓明，谭杨，李仕明，等．基于"要素 – 结构 – 功能"的企业商业模式研究 [J]．管理学报，2010，7（7）：976.

[100] 王雪冬，董大海．商业模式创新概念研究述评与展望 [J]．外国经济与管理，2013，35（11）：29 – 36.

[101] 王雪冬，董大海．商业模式的学科属性和定位问题探讨与

未来研究展望［J］．外国经济与管理，2012，34（3）：2-9．

［102］王增涛，张宇婷，蒋敏．关系网络、动态能力与中小企业国际化绩效研究［J］．科技进步与对策，2016，33（2）：91-98．

［103］翁君奕．商务模式创新［M］．北京：经济管理出版社，2004．

［104］吴东立．现代商业银行经营模式构成分析［J］．商业时代，2011（29）：75-77．

［105］吴海红．基于价值链视角的商业模式创新研究［D］．北京：中国海洋大学，2013．

［106］吴结兵．基于企业网络结构与动态能力的产业集群竞争优势研究［D］．浙江：浙江大学，2006．

［107］吴晓波，赵子溢．商业模式创新的前因问题：研究综述与展望［J］．外国经济与管理，2017（1）：114-127．

［108］肖小勇，李自如．企业网络定位战略：一个整合的理论框架［J］．北京工业大学学报（社会科学版），2005，5（1）：9-14．

［109］辛晴，杨蕙馨．知识网络如何影响企业创新——动态能力视角的实证研究［J］．研究与发展管理，2012，24（6）：12-22．

［110］许晖，郭净．中国国际化企业能力——战略匹配关系研究：管理者国际注意力的调节作用［J］．南开管理评论，2013，16（4）：133-142．

［111］许晖，李巍，王梁．市场知识管理与营销动态能力构建：基于天津奥的斯的案例研究［J］．管理学报，2011（3）：323-331．

［112］许晖，许守任，王睿智，等．网络嵌入、组织学习与资源承诺的协同演进——基于3家外贸企业转型的案例研究［J］．管理世界，2013（10）：142-155，169．

［113］许晖，薛子超，邓伟升．企业知识向营销动态能力转化机制——宏济堂与天士力双案例对比研究［J］．经济管理，2018，40（6）：115-133．

[114] 薛敏，杜义飞．企业网络关系的动态演化路径及其响应方式——基于艺术机构的对比案例研究 [J]．技术经济，2017，36（10）：47－56.

[115] 杨定泉．企业信息化环境下的交易成本分析 [J]．财会通讯，2010（21）：135－137.

[116] 杨锴．企业商业模式创新的概念及原则探析 [J]．商业文化（下半月），2011（12）：176.

[117] 杨瑞龙．企业理论：现代观点 [M]．中国人民大学出版社，2005.

[118] 姚伟峰，鲁桐．基于资源整合的企业商业模式创新路径研究——以怡亚通供应链股份有限公司为例 [J]．研究与发展管理，2011，23（3）：97－101.

[119] 尹新悦，谢富纪．中国后发企业技术赶超中技术模仿强度对企业绩效的影响——创新能力的中介作用 [J]．软科学，2020，34（1）：31－37.

[120] 殷枫，王贝，刘春林．客户集中度对公司业绩的影响——基于社会网络理论的实证分析 [J]．河海大学学报（哲学社会科学版），2019，21（5）：51－57，106－107.

[121] 喻登科，严红玲．技术创新与商业模式创新二元耦合组织成长路径：华为30年发展历程研究 [J]．科技进步与对策，2019，36（23）：85－94.

[122] 于永海，吕福新．企业网络的演化趋势 [J]．管理世界，2014（1）：180－181.

[123] 袁清华．农村信用社信贷文化建设研究 [D]．南宁：广西大学，2014.

[124] 原磊．国外商业模式理论研究评介 [J]．外国经济与管理，2007，29（10）：17－25.

[125] 原磊．商业模式体系重构 [J]．中国工业经济，2007

（6）：70－79.

［126］臧维，曹强. 基于价值链思想的商业模式模型及应用 ［J］. 研究中国市场，2011（15）：97－100.

［127］曾萍，李明璇，刘洋. 政府支持、企业动态能力与商业模式创新：传导机制与情境调节 ［J］. 研究与发展管理，2016，28（4）：31－38，137.

［128］张钢. 企业组织网络化发展 ［J］. 杭州：浙江大学出版社，2005.

［129］张海燕，张正堂，陈传明. 企业组织结构化的动态闭环整合模型——基于知识逻辑 ［J］. 当代财经，2017（7）：71－80.

［130］张红. 定制旅游的特征及其在旅游企业中的应用研究 ［J］. 旅游研究，2012（2）：58－61.

［131］张红琪，鲁若愚. 供应商参与服务创新的过程及影响研究 ［J］. 科学学研究，2010（9）：1422－1427.

［132］张洁梅，李丽珂. 顾客知识管理对企业创新绩效的影响机理——基于营销动态能力视角的案例研究 ［J］. 技术经济，2015，34（9）：21－26.

［133］张金成，范秀成（译）. 服务管理运作、战略与信息技术（原书第三版）［M］. 机械工业出版社，2003：15－16.

［134］张敬伟，王迎军. 新企业商业模式构建过程解析——基于多案例深入访谈的探索性研究 ［J］. 管理评论，2014（7）：92－103.

［135］张珂，王金凤，冯立杰. 面向颠覆式创新的后发企业价值网络演进模型——以海尔集团为例 ［J］. 企业经济，2020（2）：68－75.

［136］张世彤，陈舒，孙琳琳，等. 多种方法集成的商业模式创新研究 ［J］. 工业技术经济，2017，36（2）：80－86.

［137］张心悦. 餐饮业服务创新实例分析 ［J］. 商业时代，2010（21）：26－27.

［138］张秀娥，姜爱军，张梦琪 . 网络嵌入性、动态能力与中小企业成长关系研究［J］. 东南学术，2012（6）：61－69.

［139］张玉臣，王芳杰 . 研发联合体：基于交易成本和资源基础理论视角［J］. 科研管理，2019，40（8）：1－11.

［140］张越，赵树宽 . 基于要素视角的商业模式创新机理及路径［J］. 财贸经济，2014，35（6）：90－99.

［141］赵红丹，彭正龙 . 基于结构维度的商务模式创新与导入研究［J］. 经济管理，2009（9）：75－84.

［142］郑晓明，丁玲，欧阳桃花，等 . 双元能力促进企业服务敏捷性——海底捞公司发展历程案例研究［J］. 管理世界，2012（2）：131－147.

［143］郑志来 . 供给侧视角下共享经济与新型商业模式研究［J］. 经济问题探索，2016（6）：15－20.

［144］周浩，龙立荣 . 共同方法偏差的统计检验与控制方法［J］. 心理科学进展，2004（6）：942－950.

［145］朱启松 . 商业银行企业文化研究［J］. 重庆大学学报（社会科学版），2003（6）：92－94.

［146］Ahuja G. Collaboration Networks，Structural Holes，and Innovation：A Longitudinal Study［J］. Administrative Science Quarterly，2000，45（3）：425－455.

［147］Alter C，Hage J. Organizations Working Together［M］. Newbury Park CA：Sage，1993.

［148］Amit R，Zott C. Value creation in e-business［J］. Strategic Management Journal，2001（22）：493－520.

［149］Amit R，Zott C. Creating Value through Business Model Innovation［J］. Sloan Management Review，2012，53（2）：41－49.

［150］Andrew H，Malhotra A，et al. Knowledge Management：An Organizational Capabilities Perspective［J］. Journal of Management Information Systems, 2001, 18（1）: 185 – 214.

［151］ Andrews K R. The Concept of Corporate Strategy ［M］. Dow Jones – Irwin, 1971.

［152］ Baker T, Nelson R E. Creating something from nothing: Resource Construction through Entrepreneurial Bricolage ［J］. Administrative Science Quarterly, 2005, 50（3）: 329 – 366.

［153］ Bucherer E, Eisert U, Gassmann O. Towards Systematic Business Model Innovation: Lessons from Product Innovation Management ［J］. Creativity and Innovation Management, 2012, 21（2）: 183 – 198.

［154］ Burt R S. Structural Holes: The Social Structure of Competition ［M］. Boston, Harvard University Press, 1992.

［155］ Burt R S. The Contingent Value of Social Capital ［J］. Administrative Science Quarterly, 1997, 42（1）: 339 – 365.

［156］ Campbell – Hunt C. What have we learned about generic competitive strategy? A meta-analysis ［J］. Strategic Management Journal, 2000, 21（2）: 127 – 154.

［157］ Casadesus – Masanell R, Ricart J E. From Strategy to Business Models and onto Tactics ［J］. Long Range Planning, 2010, 43（2）: 195 – 215.

［158］ Charles V, Callahan, Bruce A. Pasternack. Corporate Strategy in her Digital Age ［J］. Strategy and Business, 1999（15）.

［159］ Chesbrough H, Rosenbloom R S. The role of the business model in capturing value from innovation: evidence from Xerox corporation's technology spin-off companies ［J］. Industrial and Corporate Change, 2002, 11（3）: 529 – 555.

［160］ Chung C C, Beamish P W. Multi-party international joint ventures: Multiple post-formation change processes ［J］. Journal of World Business, 2012, 47（4）: 648 – 663.

［161］Coleman J S. Foundations of Social Theory ［M］. Cambridge: Harvard University Press, 1994.

［162］Coleman J S. Free Riders and Zealots: The Role of Social Networks ［J］. Sociological Theory, 1988, 6（1）: 52.

［163］Day G S. Closing the marketing capabilities gap ［J］. Journal of Marketing, 2011, 75（4）: 183 –195.

［164］Day G S. The capabilities of market-driven organizations ［J］. Journal of Marketing, 1994（58）: 37 –51.

［165］Douma M U, Bilderbeek J, Idenburg P J, et al. "Strategic Alliances: Managing the Dynamics of Fit" ［J］. Long Range Planning, 2000, 33（4）: 579 –598.

［166］Edwards P, Mayernik M S, Batcheller A, et al. Science Friction: Data, Metadata, and Collaboration. Social Studies of Science, 2011, 41（5）: 667 –690.

［167］Eisenhardt K M. "Building Theories from Case Study Research" ［J］. Academy of Management Review, 1989, 14（4）: 532 –550.

［168］Eisenhardt K M, Martin J A. Dynamic capabilities: what are they? ［J］. Strategic Management Journal, 2000, 21（10／11）: 1105 –1121.

［169］Eisenmann T R, Parker G, Alstyne M. Strategies for Two Sided Markets ［J］. Harvard Business Review, 2006, 84（10）: 92 –101.

［170］Evangelista R, Sirilli G. Measuring innovation in services ［J］. Research Evaluation, 1995, 5（2）: 207 –215.

［171］Fang E E, Palmtier R W, Steenkamp J B. Effect of Service Transition Strategies on Firm Value ［J］. Journal of Marketing, 2008, 72（5）: 1 –14.

［172］Fang E E, Zou S M. Antecedents and consequences of marketing dynamic capabilities in international joint ventures ［J］. Journal of International Business Studies, 2009, 40 (5): 742 – 761.

［173］ Foss N J, Saebi T. Fifteen years of research on business model innovation ［J］. Journal of Management, 2017, 43 (1): 200 – 227.

［174］ Gadrey J, Gallouj F, Weinstein O. New modes of innovation: how services benefit industry ［J］. International Journal of Service Industry Management, 1995, 6 (3): 4 – 16.

［175］ Granovetter M S. Economic action and social structure: The problem of embeddedness ［J］. American Journal of Sociology, 1985, 91 (3): 481 – 510.

［176］ Griffin A, Hauser J. The voice of the customer ［J］. Marketing Science, 1993, 12 (1): 1 – 25.

［177］ Gulati, Ranjay, Gargiulo, et al. Where do interorganizational networks come from? ［J］. American Journal of Sociology, 1997, 104 (5): 1438 – 1439.

［178］ Hagedoorn J, Schakenraad J. Inter-firm partnerships and co-operative strategies in core technologies ［J］. New Explorations in the Economics of Technical Change, 1990: 3 – 37.

［179］ Hansen M T. The Search-transfer Problem: The Role of Weak Ties in Sharing Knowledge across Organization Submits ［J］. Administrative Science Quarterly, 1999, 44 (1): 82 – 111.

［180］ Heaton S, Lewin D, Teece D J. Managing campus entrepreneurship: Dynamic capabilities and university leadership ［J］. Managerial & Decision Economics, 2019 (7): 189 – 196.

［181］ Hite J M, Hesterly W S. The evolution of firm networks: from emergence to early growth of the firm ［J］. Strategic Management Journal, 2001, 22 (3): 275 – 286.

［182］ Hollenstein H. Innovation modes in the Swiss service sector: a cluster analysis based on firm level data [J]. Research Policy, 2003, 32 (3): 845 – 863.

[183] Homburg C, Bucerius M. "A Marketing Perspective on Mergers and Acquisitions: How Marketing Integration Affects Postmaster Performance" [J]. Journal of Marketing, 2005, 69 (1): 95 – 113.

[184] Hoskisson R E, Johnson R A, Moesel D D. Corporate divestiture intensity in restructuring firms: Effects of governance, strategy, and performance [J]. The Academy of Management Journal. 1994, 37 (5): 1207 – 1251.

[185] Huizingh E. Towards successful e-business strategies: a hierarchy of three management models [J]. Journal of Marketting Management, 2002, 18 (3): 721 – 747.

[186] Iden J, Methlie L B. The drivers of services on next-generation network [J]. Telematics and Informatics, 2012, 29 (2): 137 – 155.

[187] Jacobides M G, Winter S G. The co-evolution of capabilities and transaction costs: explaining the institutional structure of production [J]. Strategic Management Journal, 2005, 26 (5): 395 – 413.

[188] John E, Butler, Gary S, et al. Network evolution, entrepreneurial success, and regional development [J]. Entrepreneurship and Regional Development, 1991, 3 (1): 1 – 16.

[189] Kapasuwan S. Linking organizational learning and network characteristics: Effects on firm performance [J]. Annals of the American Academy of Political and Social Science, 2004, 394 (1): 192 – 193.

[190] Kauffman R J, Wang B. Bid Together, Buy Together: On the Efficacy of Group-buying Business Models in Internet-based Selling [M]. Boca Raton: CRC Press, 2002.

[191] Kontinen T, Ojala A. Network Ties in the International Opportunity Recognition of Family SMEs [J]. International Business Review,

2011，20（4）：440 – 453.

［192］ Kurtzman. An Interview with Rosabeth Moss Kanter ［J］. Strategy and Business，1999（16）.

［193］ Lechner C，Dowling M. Firm networks：external relationships as sources for the growth and competitiveness of entrepreneurial firms ［J］. Entrepreneurship and Regional Development，2003，15（1）：1 – 26.

［194］ Linda M，Foley，Douglas W，et al. Organizational learning and dynamic marketing capabilities：implications for organizational perform-ance ［J］. AMA Winter Educators' Conference Proceedings，2005，16（2）：138 – 139.

［195］ Linder J，Cantrell S. Changing business models：Surveying the landscape ［R］. Accenture Institute for Strategic Change，2000.

［196］ Ma H. Research on Enterprise's Knowledge Innovation Based on Regional Innovation Network Frontiers ［J］. Management Research Review，2018，48（8）：486 – 458.

［197］ Magretta，Joan. Why Business Models Matter ［J］. Harvard Business Review，2002，80（5）：86 – 92.

［198］ Malhotra Y. Knowledge management and new organization forms：A framework for business model innovation ［J］. Information Resources Management Journal，2000，13（1）：5 – 14.

［199］ Mariotti F，Delbridge R. Overcoming Network Overload and Redundancy in Inter-organizational Networks：The Roles of Potential and Latent Ties ［M］. INFORMS，2012.

［200］ Miles R E，Snow C C. Organizational Strategy，Structure and Process ［M］. New York：Mc Graw – Hill，1978.

［201］ Nohria N，Garcia – Pont C. Global Strategic Linkages and In-dustry Structure ［J］. Strategic Management Journal，1991，12（S1）：105 – 124.

［202］Nohria N，Eccles R G. Networks and organizations：Structure，form，and action［J］. Systems Man and Cybernetics Part C Applications and Reviews IEEE Transactions on，1992，28（2）：173 – 193.

［203］Nohria N. Introduction：Is a Network Perspective a Useful Way of Studying Organizations［M］. Harvard Business School Press，1992：1 – 22.

［204］Osterwalder A，Pigneur Y. An e-business model-ontology for modeling e-business［R］. 15th Bled Electronic Commerce Conference，Bled，Slovenia，2002（45）：17 – 19.

［205］Osterwalder A，Pigneur Y，Smith A. Business Model Generation［M］. Wiley Pulisher，2011（8）.

［206］Pallotti F，Lomi A. Network Influence and Organizational Performance：The Effects of Tie Strength and Structural Equivalence［J］. European Management Journal，2011，29（5）：389 – 403.

［207］Pateli A G，Giaglis G M. Journal of Organizational Change Management Technology innovation-induced business model change：a contingency approach［J］. Journal of Organizational Change Management，2005，18（5）：167 – 183.

［208］Penrose E T. The theory of the growth of the firm［M］. Oxford：Oxford University Press，1959.

［209］Peter W. Moroz，Edward N G. Business model innovation as a window into adaptive tensions：Five paths on the B Corp journey［J］. Journal of Business Research，2020.

［210］Petricevic O，Teece D J. The structural reshaping of globalization：Implications for strategic sectors，profiting from innovation，and the multinational enterprise［J］. Journal of International Business Studies，2019（2）：324 – 376.

［211］Porter M E. The contributions of industrial organization to strategic management ［J］. Academy of Managemeny Review, 1981 (6).

［212］ Portes A, Sensenbrenner J. Embeddedness and Immigration: Notes on the Social Determinants of Economic Action ［J］. American Journal of Sociology, 1993, 98 (6): 1320 – 1350.

［213］ Powell W. "Neither Market Nor Hierarchy: Network Forms of Organization." ［J］. Research in Organizational Behavior, 1990 (12): 295 – 336.

［214］ Prahalad C K, Hamel G. The Core Competence of the Corporation ［J］. Harvard Business Review, 1990, 68 (3): 79 – 91.

［215］ Schwaninger M. Managing Complexity—The Path Toward Intelligent Organizations ［J］. Systemic Practice&Action Research, 2000, 13 (2): 207 – 241.

［216］ Simonin, Bernard L, Ruth, et al. Is a Company Known by the Company It Keeps? Assessing the Spillover Effects of Brand Alliances on Customer Brand Attitudes ［J］. Journal of Marketing Research, 1998, 35 (1): 30 – 42.

［217］ Sohvi H, Siegel D S, Teece D J. Universities and innovation ecosystems: a dynamic capabilities perspective ［J］. Industrial and Corporate Change, 2018 (4): 449 – 489.

［218］ Song S, Nerur S, Teng J T C. Understanding the influence of network positions and knowledge processing styles ［M］. ACM, 2008.

［219］ Srivastava R K, Fahey L, Christensen H K. The resource-based view and marketing: The role of market-based assets in gaining competitive advantage ［J］. Journal of Management, 2001, 27 (6): 777 – 802.

［220］ Srivastava R K, Tasadduq A, Shervani, et al. Marketing, Business Processes and Shareholder Value: An Organizationally Embedded View of Marketing Activities and the Discipline of Marketing ［J］. Journal of Marketing, 1999, 63 (1): 168 – 179.

[221] Steinhoff M S, von-Mentzer B, Geppetti P, et al. Tachykinins and their receptors: contributions to physiological control and the mechanisms of disease [J]. Physiol Rev, 2014, 94 (1): 265 – 301.

[222] Stewart D W, Zhao Q. Internet marketing, business models, and public policy [J]. Journal of Public Policy and Marketing, 2000, 9 (3): 287 – 296.

[223] Teece D, Pisano G, Shuen A. Dynamic Capabilities and Strategic Management [J]. Journal of Strategic Management, 1997, 18 (7): 509 – 533.

[224] Teece D J. Business models, business strategy and innovation [J]. Long Range Planning, 2010, 43 (2): 172 – 194.

[225] Teece D J. Dynamic capabilities as (workable) management systems theory [J]. Journal of Management & Organization, 2018: 1 – 10.

[226] Teece D J. Business models and dynamic capabilities [J]. Long Range Planning, 2017 (8): 106 – 128.

[227] Thomas A. Weber. Inter-mediation in a Sharing Economy: Insurance, Moral Hazard, and Rent Extraction [J]. Journal of Management Information Systems, 2014, 31 (3): 35 – 71.

[228] Timmers P. Business models for electronic markets [J]. Journal on Electronic Markets, 1998, 8 (2): 3 – 8.

[229] Toivonen M, Tuominen T. Emergence of innovations in services: theoretical discussion and two case studies [C]. Presentation in International Proact Conference: Innovation Pressure – Rethinking Competitiveness, Policy and the Society in a Globalised Economy, 2006: 15 – 17.

[230] Trimi S, Berbegal – Mirabent J. Business model innovation in entrepreneurship [J]. International Entrepreneurship and Management Journal, 2012, 8 (4): 449 – 465.

[231] Uzzi B. Social structure and competition in inter-firm networks:

The paradox of embeddedness [J]. Administrative Science Quarterly, 1997, 42 (1): 35 – 67.

[232] Uzzi B. The Sources and Consequences of Embeddedness for the Economic Performance of Organizations: The Network Effect [J]. American Sociological Review, 1996, 61 (4): 674 – 698.

[233] Vander Aa W, Elfring T. Realizing innovation in services [J]. Scandinavian Journal of Management, 2002, 2 (18): 155 – 171.

[234] Varadarajan P R. Product diversity and firm performance: An empirical Investigation [J]. Journal of Marketing, 1986 (50): 43 – 57.

[235] Vargo S L, Lusch R F. Evolving to a New Dominant Logic for Marketing [J]. Journal of Marketing, 2004 (68): 1 – 17.

[236] Walker G, Kogut B, Shan W. Social Capital, Structural Holes and the Formation of an Industry Network [J]. Organization Science, 1997, 8 (2): 109 – 125.

[237] Wang J. Knowledge Creation in Collaboration Networks: Effects of Tie Configuration. Research Policy. 2016, 45 (1): 68 – 80.

[238] Woolcock M. Social Capital and Economic Development: Toward a Theoretical Synthesis and Policy Framework [J]. Theory and Society, 1998, 27 (2): 151 – 208.

[239] Yeaton R I. Social Behavior and Social Organization in Richardson's Ground Squirrel (Spermophilus richardsonii) in Saskatchewan [J]. Journal of Mammalogy, 1972, 53 (1): 139 – 147.

[240] Yin R K. Case Study Research: Design and Methods, 2nd ed [M]. Thousand Oaks: Sage Publications, 1994.

[241] Yogesh M. Knowledge management and new organization forms: A framework for business model innovation [J]. Information Resources Management Journal, 2000, 13 (1): 5 – 14.

[242] Zaheer A, Bell G G. Benefiting from network position: firm

capabilities, structural holes, and performance [J]. Strategic Management Journal, 2005, 26 (9): 809 – 825.

[243] Zott C, Amit R. Business model design: An activity system perspective [J]. Long Range Planning, 2010 (43): 216 – 226.

[244] Zott C, Amit R, Massa L. The Business Model: Recent Developments and Future Research [J]. Journal of Marketing, 2011, 37 (4): 1019 – 1042.